내일의 핀테크

금융대혁명의 시대, 어떻게 살아남을 것인가?

내일의 핀테크

홍장원 지음

매일경제신문사

들어가면서

2014년 11월 모바일부에서 금융부로 발령 난 것은 행운이었습니다. 그전에 IT 부분을 취재했던 경력을 살려 이제 막 싹이 튼 핀테크를 담당할 기회를 얻은 것입니다. 당장 그 해 12월 언론사 최초로 핀테크 기획을 위해 영국과 프랑스, 폴란드에 취재하러 다녔습니다. 그다음 해인 2015년 4월에는 미국과 캐나다를 들러 2차 기획 취재를 했고, 8월에는 일본에 들러 현지 인터넷전문은행 관계자를 두루 만나고 돌아왔습니다.

런던, 파리, 바르샤바, 실리콘밸리, 밴쿠버, 도쿄라는 여섯 개 도시의 핀테크 시장을 두루 경험한 사람이 한국에 많지는 않을 것입니다. 굵직한 기획을 맡아 입체적으로 핀테크 시장을 볼 수 있었기에 이 책을 쓸 수 있었습니다.

이런 점에서 이 책은 아낌없는 출장기회를 제공해 주신 손현덕 편집국장님, 김명수 금융부장님께 빚진 측면이 큽니다. 금융부에서 함께 일했던 송성훈, 김규식 두 선배께도 깊은 감사를 드립니다. 이은아 오피니언 부장님을 비롯해 일일이 이름을 거론할 수 없는 회사 선후배들께도 늘 감사한 마음뿐입니다. 훌륭한 인사이트를 주신 이광형, 이민화 두 분 교수님께도 인사를 드립니다. 마지막으로 늦게 퇴근하자마자 책을 쓴다고 방에 잠적하는 저를 이해해준 와이프와 두 딸에게 고마움을 전합니다.

총 1년여간 국내외 핀테크 시장을 취재하며 쓰고 모아뒀던 콘텐츠를 바탕으로 원고를 작성했습니다. 여섯 국가를 돌며 만났던 수많은 이야기 중 10분의 1도 신문지면에 녹이지 못한 것이 늘 아쉬웠습니다. 소개하지 못했던 90%의 자료를 씨실과 날실 삼아 글을 썼습니다.

처음 핀테크 취재에 나선 2015년 초와 2016년을 비교하면 1년 새 정말 많은 것이 달라졌음을 느낍니다. 당시만 하더라도 핀테크라는 용어 자체가 생소했지만, 불과 1년 새 다양한 서비스 모델이 나올 정도로 보편화하였습니다. 하지만 아직 만족할 만한 수준은 아닙니다. 세계 시장을 선도할 수 있는 혁신적인 서비스 모델이 한국에서 나와야 합니다. 지금까지는 화제가 된 핀테크 서비스를 한국에 들여오기 급급했다면, 이제 한국에서 세계로 나갈 수 있는 무언가가 나와야 할 때입니다.

핀테크가 무엇인가에 대해 궁금했던 독자는 이 책 한 권으로 전체 모습을 그릴 수 있을 것입니다. 아무쪼록 세계로 뻗어 나갈 한국 핀테크 산업에 이 책이 약간의 기여라도 할 수 있었으면 하는 마음이 가득합니다.

홍 장 원

CONTENTS

PART
02

생활 곳곳에
침투하다

CONTENTS

PART
05

한국 핀테크의
눈물과 웃음

PART
01

핀테크, 세계를 홀리다

2014년 말 핀테크(FinTech)를 취재하기 위해 영국 런던을 방문했다. 영국의 자랑인 테이트모던 갤러리가 바로 보이는 거리에 소재한 건물 2층에서 개인 대 개인(P2P) 대출 업체 레이트세터(RateSetter)의 대표 리디언 루이스 씨를 만났다. 그는 단호한 어조로 "그동안 은행이 지나치게 오만했다(arrogant)"는 말로 인터뷰의 첫 마디를 뗐다. "영국에서는 통장을 하나 만드는 데 한 달이 넘게 걸릴 때도 있다. 은행이 소비자의 마음은 몰라주고 틀에 박힌 서비스만 한다"고 불평을 늘어놓았다.

루이스 대표가 P2P 대출 업무를 시작한 계기도 바로 이것이다. 레이트세터는 불특정 다수에게 투자받은 돈을 인터넷으로 대출을 신청한 개

영국 런던에 있는 레이트세터 본사에서 만난 리디언 루이스 대표가 사무실에서 스마트폰으로 쉽고 간단하게 돈을 빌릴 수 있는 시스템에 대한 시범을 보이고 있다.

인에게 빌려주는 일을 한다.

2014년 말을 기준으로 레이트세터가 정한 기준 금리인 5.9%를 축으로 대출자는 이자율 1%포인트를 더해 6.9%의 금리로 돈을 빌릴 수 있다. 2010년 설립된 이후 4년여간 기업 2만 곳과 개인 6만 명이 여기서 돈을 융통했다. 루이스 대표는 "개인의 소액 대출 한도인 2만 5,000파운드(약 4,300만 원)까지는 최저 10분이면 대출 처리가 끝난다. 대출 심사부터 자금을 인출할 때까지 최대 수개월이 걸리는 영국 은행에 비해 훨씬 빠르고 간편하다"고 말했다.

런던시티에서 만난 벤처기업 커런시클라우드(The Currency Cloud)는 은행 송금 시장의 틈새를 파고들며 돈을 벌고 있다. 정보기술을 기반

영국 국제 송금 핀테크 업체인 커런시클라우드의 사무실 전경. 사무실 직원이 모니터로 국제 송금 현황을 지켜보고 있다.

으로 송금 수수료를 대폭 낮췄다. 2014년 말을 기준으로 유럽 전역에 돈을 보내는 송금 수수료는 연 0.1~0.25% 선으로 영국 은행의 10분의 1 수준이었다.

이렇게 거래되는 액수만 월 7억 달러(약 7,700억 원)에 달한다. 마이클 래번(Michael Laven) 커런시클라우드 대표는 "은행에 내는 고액의 송금 수수료가 부담스러운 중소기업이 주로 이용한다. 앞으로 모바일로 간편하게 돈을 보내는 시대도 본격적으로 열릴 것"이라고 전망했다.

한국에서도 2015년을 기점으로 P2P 대출 업체인 '8퍼센트' 등이 서비스를 시작했지만 금융 선진국인 영국의 대응은 무척이나 빨랐다. 한국 핀테크 업체들이 크고 작은 규제에 신음하며 사업이 지지부진했던 것과

는 달리 영국을 비롯한 핀테크 선진국은
미리부터 창의적은 서비스 개발에 나서
시장을 선도했다.

영국 런던에서 만난 커런시클라우드의
마이클 래번 대표. 미국 하버드대학교
출신인 래번 대표는 미국을 떠나 영국
에서 비즈니스를 펼치고 있다.

전 세계가 온통 핀테크 열풍이다. 핀
테크는 금융(Finance)과 기술(Technol-
ogy)의 만남을 의미한다. 금융과 기술
이 만나 이전에는 없었던 새로운 시장을
개척하는 것이다. 모바일로 손쉽게 돈을
빌리거나 차량에 센서를 달아 운전자에
따라 보험료를 차등 적용하는 것도 전부 핀테크의 영역에 들어간다.

2014년 말 미국 뉴욕 증시를 가장 뜨겁게 달구었던 이슈 역시 두 개의
핀테크 업체가 상장한다는 소식이었다. 2014년 12월 17일 모바일로 소
상공인을 상대로 대출 사업을 하는 온덱(Ondeck)은 증시에 상장한 첫날
공모가 대비 주가가 40%나 올랐다. 이 업체는 기업공개(IPO)에서 공모
가 예상 밴드인 16~18달러보다 높은 20달러에 1,000만 주를 발행해 2
억 달러(약 2,200억 원)를 조달하는 데 성공했다. 이후 뉴욕 증시 첫 거래
에서 주가가 27.98달러까지 뛴 것이다.

이보다 며칠 앞서 뉴욕 주식시장에 상장한 미국의 최대 온라인 P2P
대출 업체 렌딩클럽(Lending Club)은 뉴욕 증시에서 거래된 첫날인 11
일 종가가 공모가 대비 56%나 뛰었다. 이후 닷새 연속 상승하며 주가가
27.9달러까지 올랐다. 같은 기간 스탠더드앤드푸어스(S&P) 500지수는

2.5% 하락했다. 돈 냄새에
가장 민감한 투자 자금이 핀
테크를 새 먹을거리로 점찍
었다는 것을 알 수 있다.

컨설팅 업체 액센추어에
따르면 2014년 핀테크에 몰
린 투자 규모는 2013년 대비

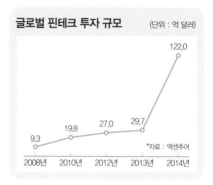

글로벌 핀테크 투자 규모 (단위 : 억 달러)

122.0

9.3 19.8 27.0 29.7

*자료 : 액센추어

2008년 2010년 2012년 2013년 2014년

4배인 122억 달러(약 13조 4,200억 원)에 달했다. 이 같은 증가세는 벤
처캐피털 투자 증가분인 63%를 훨씬 웃도는 수준이다. 사모펀드(PEF)
인 콜버그크래비스로버츠(KKR)가 2014년에 결제 핀테크 업체인 퍼스
트데이터(First Data)에 35억 달러(약 3조 8,500억 원)를 투자하겠다고
했을 정도다.

핀테크 투자가 몰리는 영국 런던 금융지구 커네리워프 전경.

글로벌 투자는 미국 실리콘밸리와 뉴욕, 영국, 중국이 주도하고 있다. 미국은 금융 중심지인 뉴욕과 IT 혁신의 허브인 실리콘밸리를 양 축으로 다양한 핀테크 업체의 요람 구실을 하고 있다.

영국은 국가 정책으로 핀테크를 육성하고 있다. 런던 동쪽에 있는 테크시티(Tech City)를 핀테크 중점 육성 구역으로 점찍고 정부 차원에서 집중적인 홍보에 나섰다. 특히 대형 은행들의 움직임이 발 빠르다. 영국 바클레이스은행과 홍콩상하이은행(HSBC)은 핀테크 스타트업(Startup company·신생 벤처기업)을 육성하기 위해 전문 보육 센터를 만들었다.

특히 주목할 국가는 중국이다. 알리바바, 텐센트 등의 IT 업체를 중심으로 세계에서 가장 빠른 속도로 여러 핀테크 서비스를 내놓고 있다. 알리바바의 자산 운용 서비스인 '위어바오(餘額寶)'는 굴리는 자금만 한화로 100조 원을 넘는다. 알리페이의 결제 금액만 하루 평균 1조 원이 넘어 중국인 하루 소비액의 약 17%를 차지한다.

이에 반해 한국의 움직임은 다소 뒤졌다는 평가를 받는다. 카카오 공

세계 4대 머니마켓펀드(MMF)로 떠오른 '위어바오'

출시	2013년 6월
가입자	1억 8,500만 명
펀드 규모	5,789억 3,600만 위안(약 101조 3,500억 원)
1인당 평균 투자액	3,133위안(약 54만 8,000원)
수익률	4~5%

*2014년 말 기준. 자료 : 중국 자산운용사 톈훙(天弘)

동 대표를 맡았던 이석우 전 대표는 "알리바바는 100조 원 넘게 돈을 굴리는데 고작 10만 원을 송금할 수 있는 뱅크월렛카카오가 무슨 핀테크냐. 핀테크라고 부르기조차 민망하고 부끄럽다"고 한탄한 바 있다. 법에는 뱅크월렛카카오의 송금 한도가 200만 원까지로 정해져 있지만 은행과 협의하는 과정에서 송금 한도가 10만 원으로 묶여 있는 것을 비판한 것이다. 금융 당국의 촘촘한 규제 때문에 서비스 시작 시점이 늦어진 것도 카카오 시각에서는 뼈아프다. IT 강국으로 불리는 한국이지만 정부 차원의 규제에 가로막혀 골든타임을 놓쳤다는 지적도 나왔다. 창의적 아이디어를 들고나온 스타트업은 많았지만, 곳곳에서 발목을 잡는 규제 이슈에 대응하느라 서비스 출시 시점이 밀리거나 아니면 당초에 내놓았던 아이디어를 대폭 수정하는 사례가 비일비재했기 때문이다.

반면 기술력 있는 한국 핀테크 업체에 반한 세계 각국은 자국으로 본사를 옮길 것을 권유할 정도로 적극적인 상태다. 특히 유럽의 핀테크 중심지로 부상하는 룩셈부르크가 가장 적극적이다.

급기야 룩셈부르크에 현지법인을 설립하는 한국 핀테크 업체가 실제로 나오기도 했다. 국가 차원의 지원을 등에 업고 '코리안 핀테크' 유치에 나선 룩셈부르크 정부의 구애 작전이 성공한 것이다. 핀테크 보안 기업 KTB솔루션이 그 주인공이다. 이 업체는 2015년 여름 룩셈부르크에 법인을 설립하기로 현지 정부와 합의하고 관련 절차를 밟았다. KTB솔루션은 사용자가 스마트폰에 서명한 필기 속도와 패턴을 통해 본인 여부를 가리는 '스마트 사인' 기술을 가진 업체다. 지문이나 홍채 인식과 달리 생체의 일부가 노출되지 않아 사용자의 거부감을 최소화할 수 있다. 한국에서는 IBK기업은행과 기술제휴를 맺은 검증된 업체다.

KTB솔루션은 2015년 5월 룩셈부르크 정부로부터 초청을 받고 현지를 방문해 정부 관계자와 면담을 했다. 피에르 그라메냐 룩셈부르크 재무장관이 직접 나와 현지에 법인을 설립하면 각종 혜택을 주겠다고 구애 작전을 펼쳤다.

핀테크는 쉽게 말해 금융과 기술의 만남이다. 왜 금융과 기술의 만남이 화두가 되었을까. 그건 예전 금융이 소비자를 100% 만족시키지 못했기 때문이다.

글로벌 시장에서 핀테크의 싹이 튼 시기는 2008년께로 거슬러 올라간다. 투자은행 리먼브러더스의 파산으로 전 세계에 금융 위기가 닥쳤을 때였다. 세계 굴지의 은행이 넘어가는 것을 보고 당시 금융회사들는 경악을 금치 못했다. 아무 문제가 없다고 생각한 금융 시스템에 사실은 엄청난 취약점이 존재했던 것이다.

금융사들이 당시 취한 처방은 크게 두 가지였다. 우선 은행들은 건전성을 높이기 위해 기존의 대출을 회수하는 데 주력했다. 당연히 돈을 빌리기가 더 어려워졌고 신용도 평가도 깐깐해졌다. 이에 더해 도대체 어디서 문제가 생겼는지 자신들을 돌아보기 시작했다. 이 과정에서 IT를 통해 금융을 혁신할 수 있다는 것을 깨닫기 시작했다. 버려지던 고객의 거래 데이터를 잘 모아 정리해보자 새로운 비즈니스 기회가 드러난 것이다. 마침 2007년 세계를 뒤흔든 아이폰이 탄생한 이후 IT는 일반인을 상대로도 급격히 보급되기 시작했다. 1인 1컴퓨터 시대가 열리면서 누구나 돌아다니면서 컴퓨팅을 할 수 있는 시대가 열린 것이다. 이 두 가지가 핀테크가 탄생하게 된 결정적 배경이라고 할 수 있다.

핀테크는 여러 영역을 포괄하는 종합적인 개념이다. 스마트폰으로 간편하게 결제하는 간편결제, 소셜네트워크서비스(SNS)로 돈을 빌리는 SNS 대출, 자동차에 센서를 달아 보험료를 깎아주는 보험 핀테크, 인터넷전문은행 등 다양하다.

돈이 있어도 물건을 못 산다고?

한국에서 핀테크 바람이 본격적으로 분 것은 2014년으로 거슬러 올라간다. 그런데 핀테크 열풍이 분 계기가 재미있다. 다름 아닌 '천송이 코트' 논란이다. 중국을 강타한 한국 드라마 〈별에서 온 그대〉에서 여자 주인공 천송이(전지현)가 입고 나온 코트가 중국에서 신드롬을 일으켰는데, 한국 쇼핑몰 사이트에서 이 코트를 사려고 한 중국인들이 공인인증서를 요구하는 한국의 시스템 때문에 물건을 살 수 없는 사태가 벌어진 것이다.

이 소식은 박근혜 대통령 귀에까지 들어가게 됐고 박 대통령은 그해 3월 열린 '규제 개혁 끝장 토론'에서 불필요한 규제 때문에 중국에서 천송이 코트를 구입하지 못한다며 당장 대책을 마련할 것을 주문했다. 이때부터 한국에도 핀테크라는 단어가 본격적으로 등장하기 시작했다. 페이팔이나 알리페이 등의 간편하게 결제할 수 있는 절차가 부각되면서 한국에도 이를 포함한 핀테크 서비스를 빨리 도입해야 한다는 목소리가 나온 것이다. 이렇게 터져나온 핀테크의 움직임은 간편결제 시장을 넘어 금융서비스 전반을 개혁하라는 거대 담론으로 이어지게 되었다.

한국이 '핀테크 무풍지대'인 이유

💬 "한국 은행들이 핀테크에 관심이 없는 것에는 사실 이유가 있습니다. 초대형 은행 몇 곳이 과점 형태로 안정적인 수익을 내고 있어서 새로운 서비스가 산업의 틀을 흔드는 것을 두려워하고 있어요."

핀테크 A업체 대표

💬 "핀테크의 발달이 더딘 데는 금융업을 규제 일변도 시각으로 바라보는 정부의 탓이 큽니다. 꽁꽁 묶인 규제 때문에 창의적인 아이디어가 비즈니스로 연결되지 않는 악순환이 반복되고 있어요."

핀테크 B업체 고문

2014년 말 핀테크 업체들이 입을 모아 비판한 '핀테크 코리아'의 민낯이다. 한국 금융회사가 말로는 핀테크의 중요성을 외치고 있지만 실제로 보여주는 행보는 이와 상당한 거리가 있다는 게 비판의 요지였다. 천송이 코트가 주목받은 이후 "한국에도 핀테크를 도입하는 것이 시급하다"는 목소리가 높았지만 상당 기간 핀테크가 찬밥 신세를 면치 못했다는 것이다.

2015년 11월 인터넷전문은행 두 곳을 예비 인가하는 등 나름의 성과는 있었지만 한국이 한참 동안 '핀테크 무풍지대' 신세를 면치 못했던 것은 획일적인 정부의 규제가 결정적인 영향을 미쳤다. 혁신적인 서비스 개발을 막는 사전 규제가 겹겹이 둘러치고 있어 창의적인 아이디어가 싹을 틔우기도 전에 말라버렸기 때문이다. 당시 핀테크 A업체 대표는 "새로운 서비스를 상용화하려고 정부에 들고 가니 안전성 검사만 몇 달을 하다가 결국 문제가 있다고 돌려보내기 일쑤였다. 혹시 생길지 모르는 문제를 예방하는 데만 급급해한다면 핀테크 기술이 꽃을 피우기 어렵다"고 말했다.

특히 정부가 모든 상황을 통제하고 감독해야 한다는 근시안적 사고체계로 가득 차 있어 어디로 튈지 모르는 핀테크 기술을 눈엣가시로만 보고 있다는 점이 큰 문제였다. 당시 법체계에서도 이 같은 분위기가 그대로 드러났다. 훗날 법 개정 절차를 거쳤지만 당시 중소기업창업지원법 제3조는 국내 창업 투자회사는 물론 은행업, 보험업, 증권업을 비롯한 금융 관련 회사는 모두 핀테크 기업에 직접 투자할 수 없도록 했다. 금융권과 핀테크 기업이 시너지 효과를 낼 여지를 미리 차단했다는 얘기다. 이런 이유로 선진국에 비해 늦은 한국의 핀테크에 한 번 더 브레이크가 걸려 속도를 내지 못했다는 비판이 시장 곳곳에서 터져나왔다.

반면 미국과 중국, 이른바 G2 국가들의 핀테크 활성화는 이미 붐을 넘어 지속 성장 단계에 접어들었다. 다양한 영역의 핀테크 업체가 등장해 기존 경제생활도 급속하게 IT·모바일 중심으로 재편되는 양상이다. 특히 중국의 성장세가 놀랍다. 중국은 이미 핀테크 선진국이라고 할 만하다. 현금에서 신용카드로 이어지는 단계를 뛰어넘어 모바일 기기의 확산으로 IT와 금융이 일찌감치 생활 속에 자리 잡고 있다.

2014년 기준 중국과 한국의 모바일 결제 시장 규모는 천양지차였다. 중국은 320조 원을 기록한 데 비해 한국은 2조 3,000억 원에 그쳤다. 불과 3~4년 전까지만 해도 20조 원 내외였던 중국 모바일 결제 시장은 매년 150%씩 성장해 300조 원대를 돌파했다. 2015년에는 500조 원대를 무난하게 넘어섰다.

한국이 각종 금융 규제에 발목이 잡혀 헤매는 동안 중국은 정부의 지원에 힘입어 폭발적인 성장세를 이어간 것이다. 단연 군계일학은 알리페이였다. 2004년 12월 설립된 알리페이는 중국 최대 전자상거래 업체인 알리바바의 계열사다. 2014년 말 기준 알리페이의 회원은 중국에만 3억 5,000만 명, 해외에 6,100만 명에 달한다. 한 해 거래액만 800조 원이 넘는다. 알리페이와 연동된 운용 상품인 위어바오는 2014년 6월 설립됐는데 출시된 지 1년 만에 100조 원을 굴리는 세계 4대 MMF(Money Market Fund)로 성장했다.

　　알리바바 이외에도 중국 유명 IT 기업들이 앞다퉈 모바일 금융시장에 뛰어들었다. 중국 최대 인터넷 업체인 텐센트는 5억 명의 회원을 보유한 모바일 메신저 웨이신(微信·WeChat)을 통해 금융 비즈니스를 하고 있다. 주요 은행들과 제휴를 맺고 모바일 결제가 가능한 텐페이도 개발했다.

　　미국에서는 실리콘밸리로 대표되는 IT·콘텐츠 기업과 금융의 강자 뉴욕이 핀테크를 이끌고 있다. 미국 실리콘밸리에서 만난 스티브 오스틴(Steve Austin) 파운더스스페이스(Founders Space) 이사는 "실리콘밸리에 있는 창의적인 스타트업들이 대거 핀테크 사업에 뛰어들었다"고 말했다. 한국이 제자리걸음을 하는 동안 글로벌 핀테크 시장이 거센 기세로 성장하고 있다는 것이다.

아프리카가 한국보다 낫다?

흔히 아프리카라고 하면 저개발 국가라는 이미지가 떠오른다. 대륙 최남단 남아프리카공화국처럼 국민소득이 높은 곳도 있지만 대다수 국가는 한국과 비교해 생활수준이 크게 낮은 것이 사실이다. 하지만 핀테크 시장만 따로 떼어놓고 보면 그렇지 않다. 오히려 한국 핀테크보다 훨씬 뛰어난 역량을 보여주는 국가도 있다. 아프리카 최대 핀테크 기업 엠페사(M-Pesa)를 보유한 케냐가 대표적이다.

엠페사의 M은 모바일(Mobile)에서 따왔다. 페사(Pesa)는 스와힐리어로 돈이라는 뜻이다. 이를 합쳐놓고 풀이하면 모바일로 돈을 보내는 무언가가 떠오른다. 실제 서비스도 이름을 똑 닮았다. 휴대전화를 기반으로 한 송금 및 소액 결제 서비스다. 서비스가 나온 것이 2007년이니 어느덧 10년 가까이 된 고참 서비스다. 케냐와 그 옆 나라 탄자니아, 인도 등이 주요 서비스 대상이다.

케냐에서는 엠페사로 돈에 관련한 웬만한 서비스는 다 끝낼 수 있다. 은행이 필요 없을 정도다. 케냐를 비롯해 동아프리카와 인도에서 무려 1,700만 명이 엠페사를 쓰고 있다. 하루 평균 이용 건수가 680만 건에 달한다. 연간 거래 규모가 케냐 국내총생산(GDP)의 40%가 넘는다.

케냐의 이동통신사인 사파리콤과 영국 이동통신사 보다폰이 합작해 서비스를 만들었다.

특히 사파리폰의 전 CEO인 마이클 조지프의 공이 컸다. 조지프 전

CEO는 은행망이 턱없이 부족해 제대로 된 금융 서비스를 쓸 수 없는 케냐의 현실에 주목했다. 반면 휴대전화 시장은 급속도로 성장해 성인의 80% 이상이 휴대전화를 쓰고 있었다.

휴대전화로 간단한 금융 서비스를 이용할 수 있으면 굳이 은행에 가지 않더라도 웬만한 돈 관련 업무는 처리할 수 있겠다는 생각을 한 것이다.

당초 콘셉트는 소액을 빌리거나 이를 상환할 때 통신 네트워크로 이를 좀 더 쉽게 하자는 것이었다. 하지만 이내 돈을 보내거나 소액 물건을 살 수 있는 분야로까지 서비스가 확대됐다. 이제는 소액 예금, 인출, 물건 결제는 물론 엠페사 서비스를 쓰지 않는 사람에게까지 돈을 보낼 수 있는 것으로 분야가 확대됐다.

급여 체계가 투명해지고 세금 징수율이 높아지는 부수 효과도 생겼다. 그 파급력이 어찌나 컸던지 케냐 정부가 GDP를 상향 조정했을 정도다. '금융 결핍'을 해소하기 위한 발버둥이 세계에서 가장 혁신적인 서비스를 하는 탁월한 비즈니스 모델을 만든 것이다.

엠페사 서비스의 초기 평균 송금액은 30달러 정도였다. 케냐 현지에서 이 돈을 은행에서 보내려면 수수료로 5달러 정도를 내야 한다. 은행과 비교해 수수료 부담이 없는 데다 손안에서 모든 처리를 할 수 있으니 통신사가 도입한 '모바일 금융'이 거대한 금융업을 근본부터 흔드는 셈이다.

엠페사가 케냐 서민의 생활을 바꾼 단면은 어마어마하다. 케냐에는 아직도 염소 등을 치며 초원을 떠돌아다니는 유목민이 많다. 이들이 나이로비 시내에 가야 볼 수 있는 금융 서비스를 이용하는 것은 사실상 불가능했다. 하지만 엠페사는 이것을 가능하게 했다. 염소 떼를 몰고 다니다 그중 한 마리를 판 돈을 휴대전화를 통해 받을 수 있는 것이다.

과거에는 은행까지 차를 몰고 몇 시간을 달려야 했던 오지에 사는 사람들도 단숨에 금융 서비스에 편입되는 효과를 냈다. 시골에 사는 촌부가 휴대전화로 자녀의 등록금을 내는 일은 이제 케냐에서는 일상이 되었다. 검붉은 모래바람이 휘날리는 공터의 허름한 좌판에서 과일이나 야채를 팔아 하루를 연명하는 작은 가게 주인도 엠페사의 모바일 결제를 통해 물건을 판다. 엠페사를 기반으로 한 보험 서비스도 존재한다. 2012년 말 기준 엠페사가 케냐에서 받은 예금 규모만 2억 7,000만 달러(약 2,970억 원)에 달한다.

현금을 들고 다니면서 생길 수 있는 범죄를 큰 폭으로 줄일 수 있는 효과도 덩달아 나타났다. 엠페사는 단순히 편리한 모바일 결제 차원을 넘어 한 국가의 생활 패턴 자체를 혁신한 위대한 서비스 반열에 올랐다. 2015년 경제 전문지 〈포천(Fortune)〉이 영국 보다폰과 사파리콤을 세계를 바꾸는 51대 혁신 기업 중 1위에 올린 이유다. 2위가 구글, 3위는 도요타였다. 4위는 월마트. 페이스북은 10위에 올랐는데 애플은 아예 명단에 없었다. 삼성을 비롯한 한국 기업 또한 단 한 곳도 없었다.

케냐에서 시작된 엠페사 서비스는 인접 국가로 급속히 확대되고 있다. 아프가니스탄에서는 엠페사가 2008년 시작됐다. 처음에는 경찰의 임금을 지급하는 데 쓰였는데 서비스를 확대하다 보니 전체 경찰의 10%가량이 실제 존재하지 않는 '유령경찰(Ghost Police)'이라는 점이 밝혀져 논란이 되기도 했다. 부패가 만연한 사회 시스템 때문에 이름만 걸어놓고 누군가가 돈을 대신 타가는 비리를 저지르고 있었던 것이다. 엠페사 덕분에 이 같은 사실이 알려지면서 남은 경찰들의 임금은 단기간에 크게 올랐다고 한다. 이 때문에 아프가니스탄 경찰 사이에서 엠페사의 인기가 하늘을 찌르기도 했다.

남아프리카공화국에서는 2010년 9월부터 계좌가 열렸다. 2011년 5월 서비스가 시작된 지 채 1년이 안 돼 무려 10만 명의 남아프리카공화국 가입자를 끌어들이는 기염을 토했다. 케냐 바로 옆 나라인 탄자니아에서는 2008년에 서비스를 시작했는데, 2013년 5월 기준으로 탄자니아에서 엠페사 가입자는 500만 명에 달했다. 이 밖에 모잠비크와 이집트를 비롯한 아프리카 다른 국가에도 서비스가 속속 보급됐다.

주목할 점은 엠페사가 아프리카 대륙을 넘어 인도와 동유럽 등 글로벌 전역으로 확산될 조짐을 보이고 있다는 것이다. 보다폰은 2011년 11월 인도에 엠페사를 선보였다. 현지 은행인 ICICI와 손잡고 서비스를 보급했다. 서비스 초기에는 인도 당국의 규제 때문에 적잖은 어려움을 겪었지만 이후 서비스가 순항하고 있다. 서비스가 출시된 지 2년여 만에 150만 가입자를 끌어모았다. 인도에서 보다폰 통신 서비스를 쓰는 인구가 1,700만 명에 달하는 것을 볼 때 아직도 시장이 확대될 가능성은 무궁무진하다.

동유럽 국가 중에서는 금융 시스템이 사회에 뿌리내리지 못한 루마니아가 첫 번째 타깃이었다. 2014년 3월 엠페사가 루마니아에 첫발을 내디던 이유다. 2015년 5월에는 유럽 내 이슬람 국가인 알바니아에 상륙하기도 했다. 보다폰은 루마니아에서 가입자로 700만 명가량을 유치하겠다는 목표를 갖고 있다. 루마니아인 상당수가 휴대전화를 갖고 있지만 인구의 3분의 1이 은행 계좌가 없을 정도로 금융 서비스가 취약해 시장을 공략할 여지가 크다고 판단한 것이다. 아프리카 이민자가 많은 이탈리아에서 서비스를 시작할 계획도 세워놓았다고 한다. 다만 서유럽을 비롯한 선진국은 사회 깊숙이 금융 시스템이 침투한 경우가 많아 공략할 만한 시장이 크지 않다는 한계는 있다. 엠페사를 만든 보다폰의 글로벌 네트워크가 엠페사 확장 전략의 1등 공신 노릇을 한다.

엠페사의 성공 사례는 한국 핀테크 시장에 적잖은 울림을 던진다. 물론 한국은 은행으로 대표되는 금융 시스템이 고도로 발달해 있어 '금융 결핍'으로 인해 휴대전화 송금 서비스가 발달한 케냐 사정과는 여러모로 다른 점이 많다. 경제성장 과정과 문화, 지역 여건이 다른 두 국가의 금융 서비스를 같은 선상에 놓고 비교하는 것도 어불성설이다. 오지로 들어가면 은행 지점에 가기 위해 몇 시간을 달려야 하는 케냐와 달리 한국은 시골에 가도 조금만 걸으면 농협 현금자동입출금기(ATM)가 줄줄이 깔려 있다. 은행별로 내놓은 스마트폰 애플리케이션을 쓰면 얼마든지 간단하게 돈을 보낼 수 있다.

하지만 발달한 금융에 취한 사이 혁신적인 서비스 모델이 발달하지 못한 측면은 분명히 있다. 카카오가 간편 송금 서비스 뱅크월렛카카오를 내놓기 전까지 계좌번호 없이 돈을 보낸다는 서비스 모델이 한국에 채

자리 잡지 못했다는 것은 한국이 핀테크 열풍에 그만큼 대비가 늦었다는 뜻이다.

글로벌 시장에 통할 수 있는 간편 송금 서비스를 내놓고 인접 동남아시아 국가나 몽골에 서비스 보급을 시작했다면 '코리안 금융'이 동남아시아와 몽골의 핀테크 시장을 미리 선점할 수 있었을지도 모른다는 아쉬움이 남는다.

폴란드 바르샤바의 외곽,
명패도 없는 허름한 주택가 건
물 5층을 걸어 올라가 만난 벤
처기업 빌론(Billon)은 IT 기
업으로 시작해 전 세계 경제·
금융 시장 장악에 나섰다. 제
2의 구글, 알리바바를 꿈꾸는
이 회사는 2015년 3월 현지 은

폴란드 바르샤바에서 만난 그레고르 푸트카 빌론 대표
가 본인의 사무실에서 서비스를 설명하고 있다.

행인 플러스뱅크와 협력해 세계 최초로 '위치 기반 결제 시스템' 서비스를
시작했다. 빌론 가맹점 마트의 주인이 스마트폰 앱을 켜면 주변 수백 미
터에 빌론 결제 앱을 가진 소비자의 위치가 뜨는 식이다. 여기에 메시지
를 보내서 구매를 유도할 수 있고, 신용카드를 꺼낼 필요 없이 결제도 한
번에 끝난다. 그레고르 푸트카 빌론 대표는 "폴란드판 비트코인인 사이
버머니 서비스도 곧 시작한다. 상대방의 휴대전화 번호만 알면 그 즉시
돈을 보낼 수 있다"고 말했다.

프랑스 파리에서 만난 유럽 최초의 인터넷 은행인 헬로뱅크(Hello
bank)는 2013년 SNS 채팅 대출 서비스를 시작했다. 은행 담당자와 인
터넷 문자를 주고받으며 주요 서류를 이메일로 보내면 최대 5만 유로(약
6,700만 원)까지 신용대출을 받을 수 있다. 로니 시델 헬로뱅크 이사는

폴란드 최대 은행 PKO의 핀테크 담당자인 아담 마니시악 이사가 바르샤바 본사에서 자사 서비스를 설명하고 있다. 스마트폰과 ATM을 연결해 가상의 사이버머니를 보내면 계좌 없이도 ATM에서 돈을 찾을 수 있게 하는 서비스를 개발했다.

폴란드 바르샤바 시내 전경. 폴란드는 핀테크 국가로 도약하려는 정부 차원의 노력으로 '동유럽의 실리콘밸리'로의 비상을 꿈꾸고 있다.

"지점에 갈 필요 없이 은행 대다수의 업무를 모바일 기반으로 처리할 수 있게 했다"고 설명했다. IT와 금융이 결합된 핀테크 기술이 전 세계 곳곳에서 전혀 새로운 금융 환경을 만들고 있는 셈이다.

실제 프랑스 파리에 사는 엔조 뱅 씨는 헬로뱅크에서 SNS 대출을 받았다. 은행 담당자와 스마트폰으로 실시간 SNS 채팅을 주고받으며 상담을 했다. 몸은 멀리 떨어져 있지만, 은행 지점에 앉아 상담받는 것과 내용에는 별 차이가 없었다. 신용 정보를 검색하던 은행 직원이 최대 5만 유로까지 대출할 수 있다고 안내했다. 재직증명서를 비롯한 주요 서류를 이메일로 보내며 모든 절차가 끝났다. 뱅 씨는 "지점에 갈 필요 없이 내 집 노트북 컴퓨터 앞에서 돈을 빌릴 수 있어 매우 편했다"고 말했다.

가트너는 2013년 2,345억 달러(약 258조 원)를 기록한 글로벌 모바일 결제 시장 규모가 2017년 7,210억 달러(약 794조 원)로 성장할 것이라고 예측했다.

돈 냄새를 맡은 글로벌 자금은 한발 앞서 행동을 개시했다. 액센추어에 따르면 2008년 9억 2,000만 달러(약 1조 100억 원) 수준이었던 핀테크 기업에 대한 투자 규모는 2014년 29억 7,000만 달러(약 3조 2,700억 원)로 성장했다. 5년간 규모가 세 배 이상 늘었다.

각각 런던, 뉴욕을 내세워 금융 허브 다툼을 벌이는 영국과 미국은 핀테크 허브의 선제권을 쥐는 데 사활을 걸었다. 샤울 데이비드 영국 무역투자청(UKTI) 핀테크 스페셜리스트는 "뉴욕을 꺾고 런던을 핀테크 중심지로 만들기 위해 정부 차원에서 지원에 나섰다"고 말했다. 알리바바,

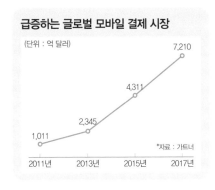

급증하는 글로벌 모바일 결제 시장

(단위 : 억 달러)

7,210

4,311

2,345

1,011

*자료 : 가트너

2011년   2013년   2015년   2017년

텐센트를 내세운 중국은 이미 핀테크 결제 시장의 최강자다.

포르투갈의 최대 은행인 밀레니엄BCP는 2014년 액티보뱅크(Activo Bank)라는 자회사를 만들었다. 모바일을 사용하는 데 거부감이 없는 20~30대 젊은 층을 대상으로 IT 은행이라는 색깔을 입히고 있다. BNP파리바(Paribas)가 유럽 최대 인터넷전문은행인 헬로뱅크를 출범한 것도 같은 맥락이다. 로니 시델 이사는 "모바일이 기존 은행을 대체하는 시기가 빨라지고 있어 BNP파리바 전사적 차원에서 헬로뱅크 활성화에 힘을 싣고 있다"고 말했다.

영국은 세계 최고의 핀테크 성지가 되기 위해 노력을 기울이고 있다. 금융 강국으로 오랫동안 글로벌 주도권을 가졌던 역사적 배경을 바탕으로 글로벌 핀테크의 1인자가 되겠다는 야심 찬 각오를 내비쳤다. 특히 정부 차원에서 대대적으로 지원해주는 것이 최고 강점이다. 샤울 데이비드 영국 무역투자청(UKTI) 핀테크 스페셜리스트는 "런던은 미국 뉴욕과 실리콘밸리에 전혀 뒤지지 않는 세계 최고의 핀테크 중심지로 떠오르고 있다. 영국은 핀테크를 국가 차원의 신성장 동력으로 보고 적극적인 투자에 나서고 있다"고 말했다.

HSBC와 영국 은행 퍼스트디렉트(First Direct)는 잽(Zapp)이라는 핀테크 업체와 제휴 관계를 구축했다. 잽은 모바일 기기에 비밀번호만 입력하면 결제할 수 있는 기술을 보유하고 있다. 영국 핀테크 기업인 알고미(Algomi)의 스투 테일러 대표는 "은행과 핀테크 기업이 합쳐 새로운 서비스를 내놓는 사례가 더 늘어날 것"이라고 말했다.

6

독일과 프랑스의 조언

"모바일로 항공권을 사고 SNS로 송금하는 시대입니다. 은행이 핀테크를 할지 말지 고민해야 할 시기는 지났습니다. 무조건 핀테크로 달려가야 할 때입니다."

2014년 말 프랑스 파리에서 만난 로니 시델 헬로뱅크 이사는 이렇게 조언했다. 헬로뱅크는 프랑스 최대 은행인 BNP파리바가 자회사 형태로 2013년 5월에 문을 연 인터넷전문은행이다.

2015년 여름이 지나면서 한국 은행들도 핀테크 따라잡기에 본격적으로 나섰지만 2014년 말까지만 해도 한국의 은행은 이제 막 '핀테크 스터디'에 나선 정도였다. 그에 반해 프랑스 BNP파리바는 2~3년 일찍 준비해 가시적인 결과를 낸 것이다.

프랑스 파리 소재 헬로뱅크 본사 전경.

BNP파리바는 독일, 벨기에, 프랑스, 이탈리아를 비롯한 유럽 일대에 8,000만 유로 (약 1,050억 원)라는 거금을 들여 조직을 만들었다. 핀테크 기업으로 변신하지 않으면 금융업에 뛰어드는 IT 기업의 공세를 당해낼 수 없다는 판단을 내린 것이다. 영상 채팅으로 상담하고 SNS로 대출을 진행하

폴란드 바르샤바에서 만난 막시밀리안 스텔라 섬업 지사장이 서비스를 설명하고 있다. 손바닥 크기의 단말기를 스마트폰과 연동시키면 신용카드를 받을 수 없었던 영세 상인들이 곧바로 카드 결제로 물건을 팔 수 있다. 기존 신용카드 사업자와 곧바로 거래하는 것보다 훨씬 유리한 조건이다.

는 각고의 노력 끝에 2014년 말 기준 4개국에서 140만 명에 이르는 고객을 모았다. 로니 시델 헬로뱅크 이사는 "초기에 부담이 있더라도 과감하게 투자하며 변신해야 한다. 기존 은행과는 전혀 다른 소프트한 서비스로 무장해야 살아남을 수 있다"고 말했다. 포화 상태인 은행업에서 부가가치를 만들 수 있는 유일한 수단이 핀테크라는 이야기다.

핀테크 혁신을 가까운 곳에서 찾아야 한다는 조언도 나왔다. 독일 베를린에 본사를 둔 스타트업 섬업(Sumup)은 이 분야의 대표적 사례다. 이 회사는 이동식 간이 상점이나 포장마차를 상대로 신용카드로 물건 값을 받을 수 있는 서비스를 제공한다. 담뱃갑의 반 정도 크기인 120g짜리 섬업 단말기를 사서 스마트폰에 연결하면 곧바로 카드 결제기가 탄생한다. 전국을 돌며 트럭으로 장사하는 보따리 상인도 카드로 물건을 팔 수

있다는 것이다. 당장 지갑에 현금이 없어도 생선회를 사 먹을 수 있어 손님을 훨씬 편하게 받을 수 있다. 폴란드 바르샤바에서 만난 막시밀리안 스텔라 섭업 지사장은 "유럽 14개국의 영세 사업자를 상대로 선풍적인 인기를 끌고 있다"고 말했다. 신용카드로 결제하지 못해 불편함을 느끼는 데서 착안한 생활 속의 아이디어가 유럽 전역을 강타한 핀테크 서비스로 진화했다는 얘기다.

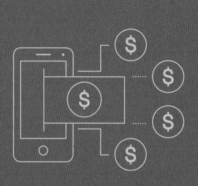

PART
02

생활 곳곳에 침투하다

전 세계에 몰아닥친 핀테크 열풍에 가장 큰 동력을 제공한 곳 가운데 빼놓을 수 없는 곳이 페이팔이다. 페이팔은 1998년 온라인 결제 서비스로 시작했다. 2002년 이베이에 15억 달러(약 1조 6,500억 원)라는 거금에 매각되며 성공 스토리를 쓴 스타트업이다.

페이팔의 핵심 기술은 온라인으로 한 번 신용카드 정보를 입력하면 다음부터는 비밀번호만 입력하고 바로 결제할 수 있다는 점이다. 지금은 많은 시스템이 이 같은 방식을 취하고 있지만 1998년 당시만 하더라도 매우 혁신적이고 편리한 방식이었다.

페이팔 창업자로는 2014년 저서 《제로 투 원(Zero to One)》을 펴낸 피터 틸(Peter Thiel)과 창업 전문가인 맥스 레브친(Max Levchin) 등이 유명하다. 스탠퍼드대학교에서 만난 두 사람은 이메일 계정을 통해 언제나 편하게 돈을 보낼 수 있는 서비스를 만들기로 했다. 이런 식으로 페이팔을 창업해 미국 최대 온라인 쇼핑몰인 이베이를 만나 꽃을 피웠다. 1억 명이 넘는 가입자가 페이팔로 돈을 주고받으면서 세계에서 가장 성공적인 핀테크 기업으로 올라선 것이다. 기존에 존재하던 금융 서비스와는 색다른 형태의 금융이 시작됐다는 점에서 페이팔은 단연 핀테크 기업의 효시라고 할 만하다.

페이팔 초기 멤버들은 크게 돈을 벌었다. 페이팔의 창업 스토리는 다음과 같다. 일리노이공과대학교 학생이었던 맥스 레브친은 창업을 계획하며 실리콘밸리 팰로앨토(Palo Alto)로 이사한다. 스탠퍼드대학교에서 청강하던 그는 피터 틸을 만났고 사업 아이디어를 말하게 된다. 틸은 그에게 투자자를 소개해주었고 처음 만든 회사인 컨피니티(Confinity)의 초대 최고경영자(CEO)를 맡기도 했다. 이 컨피니티가 나중에 일론 머스크(Elon Musk)가 만든 인터넷 은행인 엑스닷컴(X.com)과 합병해 페이팔이 된다.

2015년 2월 피터 틸이 한국을 방문해 화제가 된 바 있다. 틸이 스탠퍼드대학교에서 한 강의를 주제로 만든 책《제로 투 원》은 한국에서도 베스트셀러 반열에 올랐다. 틸을 비롯한 페이팔 출신의 활약은 '페이팔 마피아'라는 단어로 대표된다. 페이팔 마피아는 페이팔을 창업할 당시 초기부터 뜻을 함께했던 10여 명의 창업 공신을 일컫는 말로 경제 전문지 〈포천〉이 2007년 이들을 조명하면서 페이팔 마피아라고 소개한 것이 계기가 됐다. 이들은 페이팔을 창업하면서 얻은 결실을 바탕으로 각자 기업을 설립하는 데 뛰어들어 모두 자신들의 분야에서 백만장자 반열에 오른 거장이 됐다. 단순한 창업 모임을 벗어나 언제든 모여 서로 의견을 나누고 협력하면서 IT 생태계 전반을 이끄는 동지가 된 것이다. 이들은 과연 어떤 사람들일까.

Who's Who in FinTech

피터 틸

피터 틸은 페이팔의 공동 창업자 중 한 명이자 CEO를 맡은 인물이다. 그는 기술자라기보다는 사업가, 투자자의 면면이 강한 사람이다. 그의 투자 감각은 2004년 페이스북 창업자인 마크 저커버그(Mark Zuckerberg)가 투자를 받기 위해 찾아왔을 때 잘 드러난다. 그는 저커버그의 설명을 듣고 50만 달러(약 5억 5,000만 원)를 선뜻 투자해 페이스북의 지분 10%를 확보했다. 그렇게 산 주식의 80%를 2012년 매각해 무려 4억 달러(약 4,400억 원)를 벌어들였다.

그는 지금 팰런티어테크놀로지(Palantir Technologies) 회장, 클래리엄캐피털매니지먼트(Clarium Capital Management)의 회장으로 일하고 있다. 페이팔 창업 당시에 그는 헤지펀드 매니저였다. 페이스북 창업자 중 한 명인 맥스 레브친이 스탠퍼드대학교에 강연을 온 피터 틸을 찾아가 사업 이야기를 한 것이 그 두 사람 모두를 억만장자로 만든 계기가 됐다. 사업은 곧 사람이라는 진리가 입증되는 대목이다. 그의 재산은 2014년 말을 기준으로 22억 달러(약 2조 3,000억 원)로 추산된다.

맥스 레브친

맥스 레브친은 페이팔의 초기 기술적 배경을 제시한 핵심적인 공동 창업자다. 페이팔에서는 최고기술책임자(CTO) 역할을 주로 맡았다. 우크라이나 출신인 레브친은 동유럽의 이민 신화를 쓴 인물 중 한 명으로 꼽히기도 한다. 페이팔을 매각한 후 그는 구글에 합류해 2010년에 부사장에까지 올랐다. 하지만 1년 뒤에 의견 차이로 구글과 결별하고 2004년 설립할 때 도와줬던 지역 기반 정보 서비스인 옐프(Yelp)와 에버노트(Evernote), 재무 서비스 기업인 어펌(Affirm)에서 중책을 맡는다. 2012년에는 야후의 이사진으로도 합류했다. 비동영상 사이트 슬라이드닷컴(slide.com)을 만들어 구글에 1억 8,200만 달러(약 2,000억 원)에 매각하기도 했다. 그가 옐프를 창업하게 된 계기도 페이팔 마피아와 관련이 깊다.

2004년 여름 샌프란시스코에 있는 한 베트남 식당에서 페이팔 마피아 10여 명이 레브친의 생일을 축하하며 식사를 했다. 그때 누군가가 치아가 상했다며 "좋은 치과의사를 찾을 방법이 뭘까"라는 질문을 던지자 그 자리에 있던 러셀 시먼스(Russell Simmons)와 제러미 스토플먼(Jeremy Stoppelman)이 마침 이와 관련해 생각한 프로젝트가 있다며 즉석 프레젠테이션을 한 것이다. 다음 달 레브친은 이 프로젝트에 100만 달러(약 11억 원)를 투자하기로 결정하는데, 이 프로젝트가 성장해 소비자 평판 사이트인 옐프가 된다. 레브친의 추정 자산은 3억 달러(약 3,300억 원)에 달한다.

일론 머스크

일론 머스크는 페이팔 마피아 중 가장 유명한 사람으로 전기차 업체인 테슬라(Tesla)의 CEO다. 1971년 남아프리카공화국에서 출생한 머스크는 1988년 캐나다로 유학길에 오른다. 1999년 스탠퍼드대학교에서 박사 과정을 밟던 중 자퇴한 그는 집투(Zip2)라는 벤처 회사를 창업한다.

1999년 페이팔에 합류한 그는 2002년 페이팔이 이베이에 팔리면서 거액을 챙겼고 2004년 당시 전기자동차 벤처였던 테슬라모터스에 출자해 이사회 의장에 오른다. 2006년에는 태양광발전 벤처 회사인 솔라시티(Solarcity)에 출자한다. 테슬라는 2008년에 고급 스포츠카 로드스터를 발매했고 2010년에는 주식 상장을 마친다. 그해에는 솔라시티에서 만든 우주선 드래건이 민간 우주선으로는 처음으로 우주에 나갔다가 무사히 귀환하는 쾌거를 올린다. 2012년 솔라시티까지 주식 상장을 마쳐 머스크는 두 개의 상장기업 대표가 된다. 이 시대 혁신가의 상징으로 불리는 머스크의 추정 자산은 약 100억 달러(약 11조 원)다.

제러미 스토플먼

제러미 스토플먼은 페이팔에 재직할 당시 기술 분야의 부사장을 맡았다. 페이팔을 떠난 후 러셀 시먼스와 옐프를 공동으로 창업했고 초기에는 어려움을 겪기도 했다. 옐프가 온라인 사용자를 상대로 큰 인기를 끌지 못한 데다 수차례 소송전에 휘말렸기 때문이다. 이후 옐프는 대표적인 평판 사이트로 자리매김하며 미국 전역에 서비스를 확산했지만 최근에는 적자를 보이며 투자자를 유치하는 상황이다. 스토플먼의 추정 자산은 1억~2억 달러(약 1,100억~2,200억 원) 선이다.

자베드 카림

자베드 카림(Jawed Karim)은 페이팔에 재직할 당시 보안 담당을 맡은 인물로, 유튜브의 공동 창업자로 더 유명하다. 카림과 채드 헐리(Chad Hurley), 스티브 첸(Steve Chen)은 2005년 동영상 공유 사이트를 만드는데 이것이

추후 구글에 인수된 유튜브다. 채드 헐리는 페이팔의 첫 로고를 만들었고, 스티브 첸은 페이팔과 초기 페이스북의 직원으로 일한 경험이 있으니 둘 다 페이팔 마피아인 셈이다.

유튜브가 구글에 인수될 당시 6,400만 달러(약 704억 원) 규모인 구글 주식 13만 7,443주를 배정받았다. 이후 그는 벤처를 지원하는 창업 투자자로 활동하고 있다. 그의 추정 자산은 1억 4,000만 달러(약 1,500억 원) 선이다.

리드 호프먼

리드 호프먼(Reid Hoffman)은 페이팔에 재직할 당시 최고운영책임자(COO)를 지냈다. 호프먼은 페이팔을 떠난 이후 세계 최대의 이력 관리 서비스인 링크트인(LinkedIn)을 만들었다. 링크트인은 전 세계를 상대로 이력서를 올려 스스로를 세일즈하고 관계를 맺을 수 있는 효율적인 시스템이다. 그는 징가(Zynga), 페이스북 등 80여 개의 엔젤투자를 진행한 것으로도 유명하다. 그의 추정 자산은 40억 달러(약 4조 원) 선이다.

페이팔 마피아가 투자하거나 창업해 기업 가치가 10억 달러(약 1조 1,000억 원)를 넘긴 회사만 일곱 곳을 넘었다. 스티브 잡스나 빌 게이츠가 홀로 사업을 일군 것과 달리 이들은 협업하면서 핀테크 생태계를, 더 나아가 인류의 역사를 IT로 바꾸고 있다. 이들이 시도하는 프로젝트만 봐도 그렇다. 우주왕복선, 전기차, 동영상, 정보 공유 등 실생활에 깊숙이 자리 잡거나 미래의 트렌트를 바꿀 만한 빅 프로젝트에 이들은 과감하게 투자하고 있다. 천재적 엔지니어, 아이디어가 풍부한 기업가, 비즈니스 경험이 많은 관리자, 과감한 투자자들이 페이팔이라는 이름 아래 만나 멋진 성공을 맛보았고 이제 그 경험을 계속 창출하고 있는 것이다.

1

결제를 넘어 자산 관리까지

지금까지 주로 논의됐던 핀테크는 결제나 송금과 관련된 분야가 많았다. 하지만 진짜 비즈니스 가치를 주는 쪽은 오히려 기업 간 거래 (B2B) 분야라는 목소리가 높다. 기존의 금융권과 시너지 효과를 만들어 금융회사를 더 건강하게 만들어주는 비즈니스가 핀테크에서는 가능하다. 이미 글로벌 시장에서는 이 같은 움직임이 활발하다. 시장조사 기관인 CB인사이트에 따르면 2013년 글로벌 핀테크 투자 자금 가운데 금융 소프트웨어(29%)와 빅데이터 분석(29%)에 쏠린 비중이 60%에 육박했다. 2008년 지급결제 분야에 투자금의 70%가 몰렸던 것과는 상황이 완전히 달라졌다.

캐나다 밴쿠버에 본사를 둔 핀테크 기업 자핀(Zafin)이 대표적이다. 이 회사는 은행과 협업해 최적의 상품 개발을 도와주는 솔루션을 제공한다. 은행 내 데이터를 다각도로 활용해 소비자를 몇 개의 군으로 나눈 뒤

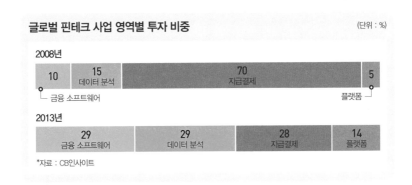

글로벌 핀테크 사업 영역별 투자 비중 (단위 : %)

2008년

10	15 데이터 분석	70 지급결제	5

└ 금융 소프트웨어 · · · · · · 플랫폼 ┘

2013년

29 금융 소프트웨어	29 데이터 분석	28 지급결제	14 플랫폼

*자료 : CB인사이트

카테고리별로 최대의 만족을 줄 수 있는 맞춤형 상품을 개발할 수 있게 도와주는 식이다. 데이터를 분석해 인터넷으로 신청하는 10%대 중금리 대출의 수요가 확 늘고 있다는 것을 확인하면 남보다 먼저 치고 나갈 수 있는 전용 상품을 개발하라고 팁을 주는 것이다. 고객사인 은행과 친구가 되어서 각종 조언을 하는 참모 노릇을 한다는 얘기다. 소비자를 상대로 눈이 번쩍 뜨일 만한 서비스를 과시하거나 독자 브랜드를 내세워 인기몰이를 하는 것과는 적잖게 온도 차가 있다.

일반인의 주목을 끌지 못하는 이 회사는 2013년 캐나다에서 500만 캐나다달러(약 44억 원), 2014년 미국에서 1500만 달러(약 162억 원)의 투자를 유치하는 '빅히트'를 쳤다. 2년간 200억 원이 넘는 벤처캐피털 자금을 빨아들인 것이다. 딜로이트가 평가한 '북미 주목할 만한 500대 핀테크 기업' 리스트에 오르는 겹경사도 누렸다. 최근 5년간 매년 직원 수가 두 배로 늘어 이제는 전 세계 14개 지사에 400명이 일하는 중견회사가 됐다. 대런 네그래프(Darren Negraeff) 자핀 이사는 "저금리로 은행 수수료 기반이 무너지면서 소비자 맞춤형 상품을 출시하는 것이 은행의 생존 키워드가 됐다. 은행의 체력을 높여주는 우리만의 특기를 내세워 핀테크 분야에서 선두 기업으로 올라설 수 있었다"고 말했다.

미국 새너제이 소재 콘시오(Conxio)도 은행과의 협업 모델을 내걸고 승승장구하고 있다. 은행이 기존 모바일 앱에 영상 채팅 기능을 넣게 도와주는 것이 이 회사의 임무다. 콘시오의 기술을 쓰면 스마트폰 앱으로 소비자와 재택근무를 하는 텔러를 원격으로 연결해 상담 서비스를 할 수 있다. 인건비가 싼 인도나 필리핀의 재택근무 인원을 텔러로 쓸 수 있어 은행 운영 비용을 대폭 낮출 수 있다는 얘기다. 인터넷전문은행의 기술적 기반을 제공할 수도 있다.

블라디미르 루네코프 콘시오 창업자는 "은행이 자체적으로 기술을 개발하려면 시간과 돈이 많이 들어 비효율적이다. 이 분야의 기술에 대해 연구해온 핀테크 전문 기업의 도움을 받는 것이 훨씬 싸다"고 말했다. 가벼운 주머니로 대형 은행과 싸워야 하는 지역 밀착 소형 은행이 특히 콘시오의 기술에 관심을 보이고 있다. 유럽의 이데아뱅크를 비롯한 몇 곳과는 이미 기술 협약을 맺었다.

은행과 IT의 시너지 효과가 화두로 떠오르자 세계 각지에서 양자를 연결하기 위한 시도가 벌어지고 있다. 이 분야의 선두 주자로는 글로벌

블라디미르 루네코프 콘시오 창업자(왼쪽)와 스티브 오스틴 파운더스스페이스 이사가 영상 채팅 기능을 설명하고 있다. 콘시오는 핀테크 전문 액셀러레이팅 기관인 파운더스스페이스와 손잡고 시장을 개척하는 중이다.

컨설팅 기업인 액센추어가 꼽힌다. 액센추어는 2010년 미국 뉴욕을 시작으로 아일랜드 더블린, 홍콩, 영국 런던에 잇달아 핀테크 이노베이션 랩을 세웠다. 금융과 IT 기업이 생각을 좁혀 궁합을 맞출 수 있도록 돕는 소개팅 프로그램을 제공하는 곳이다. 경쟁을 뚫고 뽑힌 핀테크 기업은 금융회사의 고위 임원을 만나 멘토링 서비스를 받는다. 밥 가크 액센추어 이사는 "금융을 모르는 핀테크 기업이 이곳에서 금융 고유의 DNA를 배워 간다. 금융회사는 기발한 핀테크 기업을 만나 지금 혁신을 위해 필요한 기술이 무엇인지를 찾아낸다"고 말했다.

미국 멘로 파크(Menlo Park)에서 만난 마이클 버렛 씨의 개인사는 금융과 핀테크 기업의 화학적 결합이 시대적 트렌드라는 것을 보여준다. 버렛 씨는 2006년부터 7년간 지켜오던 '결제 공룡' 페이팔의 최고정보책임자(CISO) 자리를 2013년 미련 없이 내던졌다. 그러고는 2014년부터 비밀리에 핀테크 보안 기업을 차려 대표 자리를 맡았다. 마이클 버렛 대표는 "핀테크 시장에서 보안이 가장 큰 이슈로 떠오르고 있어 전문 기업을 만들어 기술력을 높이면 비싼 값에 회사를 팔 수 있겠다는 생각을 했다"고 말했다.

창업 초기부터 금융권과 몸을 섞는 것을 고려하는 핀테크 기업이 실리콘밸리에서 쏟아지고 있다는 얘기다. 스티브 오스틴 파운더스스페이스 이사는 "금융회사와 핀테크 기업은 적이 아니라 손을 맞잡고 함께 가는 동반자다. 앞으로 금융회사의 경쟁력은 핀테크 기술을 얼마나 잘 활용할 수 있을지에 달렸다"고 말했다. 캐나다 스타트업 이넷코(Inetco)는 빅데이터 분석으로 은행이 ATM을 어디에 얼마나 놓아야 수익성을 극대화할 수 있을지 처방을 내릴 정도다. 한국도 글로벌로 눈을 돌려 시너지 효과를 낼 수 있는 기업을 찾아 적극적으로 인수하려는 자세가 필요하다는 지적이 나오는 이유다.

핀테크로 자산 관리도

이미 글로벌 시장에서는 IBM의 슈퍼컴퓨터 '왓슨(Watson)'을 통해 초기 단계 서비스를 하고 있다. 왓슨은 인간과 유사한 지적 사고를 할 수 있게 설계된 인공지능 솔루션이다. 왓슨은 2014년 10월 싱가포르 DBS은행에 최초로 도입됐다. 은행이 가진 상품 목록과 고객 정보를 빅데이터로 매치해 투자자에게 적합한 종목을 제안하는 구조를 갖고 있다. 호주뉴질랜드(ANZ)은행, 캐나다로열은행 등도 왓슨으로 고객 관계 분석을 하고 있다. 상담사의 편견 없이 투자자 성향에 딱 맞는 투자 상품을 데이터가 직접 골라주는 것이다.

미국 IT 업체 켄쇼가 개발 중인 인공지능 '워런(Warren)'도 핀테크 자산관리사로 진화하고 있다. "연방준비제도이사회(FRB)가 금리를 올리면 어디에 투자해야 할까"라는 질문을 하면 워런이 유망 종목과 분야 등의 해답을 내놓는 식이다. 기술 이름도 오마하의 현인 '워런 버핏'을 기려 만든 것이다.

홍콩 벤처캐피털 디프날리지(Deep Knowledge)는 바이오 기업에 대한 투자를 결정하는 데 인공지능 '바이털'을 끌어들여 이사회 임원으로 임명했다. 방대한 자료 분석과 빠른 판단을 내리는 데는 핀테크가 사람보다 나을 수 있다고 판단한 것이다. 금융업의 보조 도구로만 여겨진 첨단 기술이 사실상 주체로 올라선 셈이다.

결제 분야에서 개인 확인을 위해 홍채 인식 기술이 도입되거나 지문 인식이 바로 결제로 이어지는 기술도 속속 개발될 것으로 업계는 전망했다.

금융과 빅데이터의 만남은 새로운 투자 지표를 개발하는 단계로까지 진화했다. 한국 데이터 분석 업체 위즈도메인은 2015년 'IP인텔리소스'라는 이름의 특허 분석 도구를 출시했다. 기업이 보유한 특허의 가치와 전망, 기업 경쟁력까지 파악할 수 있다. 이를 바탕으로 기업의 주가 수준을 판단하는 주가기술비율(PTR)이라는 새로운 지표를 선보였다. 특허 가치 대비 기업 가치가 저평가됐는지를 판단해 투자 여부를 결정하는 솔루션이다. 주가수익비율(PER), 주가순자산비율(PBR)과 유사하게 투자의 척도로 활용될 수 있다는 것이다. 특히 이 업체는 한국을 방문한 영국 핀테크 사절단의 눈길을 끌어 주목을 받았다.

2015년 여름 서울 종로구 청진동에 위치한 그랑서울 3층 컨벤션홀에서 열린 '핀테크 데모데이'에서 오간 대화를 살펴본다.

💬 "특허 번호만 누르면 곧바로 빅데이터 로봇이 특허의 가치를 추산합니다. 기업이 보유한 전체 특허의 가치를 시가총액과 비교하면 주가가 고평가인지 저평가인지 판단해 투자를 결정할 수 있지요."

김일수 위즈도메인 대표

💬 "핀테크가 발달한 영국에서도 이런 시스템은 찾아보지 못했습니다. 빅데이터가 특허의 가치를 뽑아내는 세부 과정을 더 듣고 싶어요."

샤울 데이비드 영국 무역투자청 핀테크 스페셜리스트

2

보험, 증권도 한번에 OK!

영국 인슈어더박스(Insurethebox)는 2010년 대표적 포화 시장으로 불리던 영국 자동차보험업에 전격 뛰어들었다. 이 회사는 반년을 버티지 못하고 포기할 것이라는 예상을 보란 듯이 깨고 1년 만에 가입자 20만 명을 유치하는 대박 스토리를 썼다. 인슈어더박스 성공 스토리의 핵심은 바로 핀테크였다.

인슈어더박스는 IBM과 손잡고 휴대전화보다 조금 큰 텔레매틱스 기기를 자동차 대시보드 밑에 붙였다. 여기서 나온 데이터가 GPS를 비롯해 자동차의 여러 센서와 연결되도록 했다. 운전자가 이 차에 올라타 운전을 하면 평소 차를 몰던 습관이 데이터로 변환돼 고스란히 실시간으로 분석된다. 차를 험하게 모는지 살살 모는지, 장거리를 뛰면 중간에 쉬는지, 속도제한은 잘 지키는지를 속속들이 알 수 있는 것이다.

팀 영 IBM 데이터 담당 이사는 "인슈어더박스는 안전운전 수칙을 지킬수록 보험료를 절감할 수 있는 혁신적 상품을 내놓아 히트 릴레이를 펼쳤다. 같은 연령, 같은 성별이면 천편일률로 보험료를 정하는 기존 보험 업계의 관행을 빅데이터와 결합한 핀테크로 완전히 뒤엎었다"고 설명했다.

한국의 핀테크 전략에 대해 지나치게 결제, 인터넷 은행 쪽에만 초점을 맞추고 있다는 비판도 나온다. 이대로라면 페이팔, 알리페이로 대표되는 글로벌 강자의 꽁무니만 쫓을 뿐 세계를 선도하는 핀테크 서비스를 한국에서 만드는 것은 불가능하다는 지적이 적지 않다. 핀테크 생태계 전체를 육성하겠다는 자세로 자산 관리, 투자, 보험 등 금융계 전반에서 시너지 효과를 낼 거시적 대책이 나와야 한다는 주장이다.

특히 결제, 인터넷 외에 추가로 육성해야 할 핀테크 분야로 자산 관리, 투자 부문 등이 꼽힌다. 예를 들어 개인의 카드 결제 데이터를 분석해 이를 투자에 활용하는 솔루션을 개발하거나 데이터를 기반으로 주가가 급락하거나 급등하기 전에 미리 모바일로 이상 징후를 알려주는 기술을 만들 수 있다.

'월가의 영웅'으로 불리는 피터 린치가 강조했던 '생활 속의 발견'을 핀테크로 해볼 수 있다는 얘기다. 김인현 투이컨설팅 대표는 "카드 결제를 분석해본 결과 특정 브랜드의 옷이 최근에 많이 팔린다면 이와 관련한 주식의 시세와 내재 가치를 분석한 보고서를 자동으로 내보내는 시스템을 만들면 효과적일 것"이라고 설명했다.

예를 들어 의류 업체 한섬이 새로 내놓은 브랜드 옷이 불티나게 팔리는 것을 파악한 카드사 빅데이터 솔루션이 주가가 오르기 전에 소수 고객에게 이 같은 트렌드를 미리 짚어주는 식이다.

스마트폰으로 가입도 쉽게

스마트폰으로 보험에 가입하고 주요 서비스를 이용하는 '모바일슈랑스' 열풍이 업계에 번지고 있다. 보수적인 보험 업계에도 본격적으로 핀테크 열풍이 부는 것이다. 온라인 전업 보험사인 교보라이프플래닛은

2015년 6월 기준 신규 가입자의 약 21%가 모바일을 통해 보험을 계약했다. 이 같은 추세는 탄력을 받고 있다. 2015년 4월 모바일로 보험에 가입할 수 있는 서비스를 시작하자마자 곧바로 성과가 이어지는 것이다. 김성수 교보라이프플래닛 상무는 "30~40대 젊은 직장인이 소액 보험을 주로 모바일 창구에서 들고 있다. 설계사 채널을 거치지 않고도 얼마든지 보험 계약을 유치할 수 있다는 것을 보여준다"고 말했다.

미래에셋생명도 2015년 4월 모바일 청약 서비스를 전격적으로 열었다. 암 보험을 비롯한 9종의 보험을 모바일 홈페이지에서 판다. 변액보험을 모바일 창구에서 파는 것은 미래에셋생명이 유일하다. 미래에셋생명 관계자는 "감독 당국과 오랜 기간 협의해 변액보험을 판매 리스트에 올렸다. 모바일 보험 시장이 급증할 것으로 보여 미리 주도권을 잡기 위해 나선 것"이라고 설명했다.

AIA생명도 모바일 전용 웹사이트인 '마이AIA'를 열었다. 기존 PC 기반 위주였던 웹사이트를 모바일 환경으로 대폭 수정한 것이다. 알리안츠생명은 스마트폰 앱을 열어 쓸 수 있는 '모바일센터'를 만들었다. 보험금을 찾을 때 제일 가까운 지점을 자동으로 찾아 위치 정보를 제공한다. 곧바로 전화도 연결할 수 있다.

3 페이스북을 보면서 신용을 평가한다

독일 신용 평가사 크레디테크(Kreditech)는 페이스북과 아마존, 이베이 계정에서 뽑아낸 8,000여 가지의 변수를 빅데이터로 돌려 대출 신청자의 신용 등급을 평가한다. SNS를 통해 밝혀진 개인 성향을 신용 등급에 반영하면 돈을 연체할지, 그러지 않을지를 훨씬 정교하게 알아낼 수 있기 때문이다. 가입신청서를 쓸 때 나오는 철자 오류까지 잡아내 등급 심사에 반영할 정도다.

미국 핀테크 업체 온덱캐피털은 대출을 신청한 소상공인이 운영하는 회사의 평판을 SNS로 확인하고 대출 여부를 결정한다. 예를 들어 레스토랑 사장이 대출 서류를 내밀면 페이스북이나 트위터는 물론 미국 레스토랑 리뷰 사이트의 평점까지 살펴 신용 등급에 반영하는 식이다. SNS를 축으로 봇물 터지듯 쏟아지는 데이터를 기반으로 정교하게 신용도를 심사하는 '빅데이터 신용 평가' 시스템을 구축한 것이다. 온덱은 이 비즈니스 모델을 기반으로 1조 5,000억 원 안팎의 기업 가치를 인정받고 있다.

한국에서도 이같이 SNS를 기반으로 신용 평가를 하는 시스템이 나올 기미를 보인다. KB핀테크허브센터와 한국NFC, 건국대학교 금융IT학과와 빅데이터 업체 세 곳은 2015년 여름 공동으로 '소셜신용평가협의체'를 만들고 한국형 소셜 신용 평가 모델 구축에 나서 주목을 끈 바 있다. 한국에서 금융권과 핀테크 업체, 대학이 만나 SNS를 기반으로 한 신용 평가 체제를 구축하겠다고 나선 것은 처음 있는 일이었다.

페이스북과 트위터 등 젊은 층이 많이 쓰는 SNS에 올라온 글을 토대로 금융 데이터 없이 개인 신용도 조사를 끝내겠다는 것이 KB핀테크 허브센터를 비롯한 협의체의 계획이다. 황승익 한국NFC 대표는 "우선 SNS로 분석한 신용 평가 결과를 기존 신용 평가 자료와 비교해 둘이 얼마나 연관성이 있는지를 밝힐 계획이다. 뚜렷한 정(正)의 상관관계가 나오면 예전 신용 평가 결과를 SNS 결과로 대체해도 큰 무리가 없다는 결론을 내릴 수 있다"고 설명했다.

SNS에서 활동하는 데이터를 정밀하게 수집해 어떤 사회적 활동이 신용도와 연관을 맺을 수 있는지를 밝히는 것이 최우선 과제다. 예를 들어 페이스북 활동 그룹이나 친구 숫자가 높은 신용 등급과 관련이 있다는 가설을 세우고 빅데이터로 이를 검증해보는 식이다.

SNS에서 확인할 수 있는 가족 관계, 직업, 결혼 유무도 참고 자료가 될 수 있다. SNS에 긍정적인 글을 주로 올리는지 혹은 그 반대인지도 빅데이터로 검증할 수 있다. 이런 식으로 사람의 편견이 개입되지 않는 연관 관계가 나올 때까지 끊임없이 가상의 방정식을 만드는 것이다.

시스템 개발을 끝내면 고등학교를 졸업하고 대학에 입학하는 20대 초반부터 직장을 잡는 20대 후반까지 약 10년 동안 신용 등급을 평가받을 수 있는 기회가 열린다. P2P 대출 시장이 단기간 크게 확산될 여지도 생긴다. 이영환 건국대학교 금융IT학과 교수는 "지금까지 금융 거래 기록이 없어 30%가 넘는 고금리에 시달려야 했던 대학생들이 훨씬 싼값에 돈을 빌릴 수 있다. 늦어도 2016년 상반기까지는 결과물을 내놓을 것"이라고 말했다. KB금융그룹은 신용 평가를 할 수 있는 자료를 제공하면서 결과물이 나오는 대로 KB저축은행에 이를 접목해 실제 대출에 활용할 계획을 갖고 있다.

SNS의 평판 조회 능력을 활용해 소상공인의 창업 선순환 구도를 만들자는 주장도 나온다. 미식가들이 SNS에 올라와 있는 글을 토대로 맛집을 순례하는 것은 흔한 일이다. 빅데이터 기반의 솔루션으로 주변 맛집을 찾아주는 앱도 나왔다. 이 같은 솔루션을 기반으로 금융회사, 벤처캐피털의 자본을 투자할 수 있게 시스템을 만들 수 있다. 미래에 삼원가든이나 하동관으로 성장할 수 있는 될성부른 식당을 SNS로 뽑아내 체계적으로 자금을 조달해 키우자는 얘기다.

금리, 얼마면 될까?

롱테일 경제학이라는 개념이 있다. 여기서 말하는 롱테일은 흔히 20 대80의 법칙이라고 부르는 파레토 법칙과 상반되는 개념이다. 파레토 법칙은 집중의 법칙이다. 일을 많이 하기로 유명한 개미 집단을 보면 그중 20%는 열심히 일하고 80%는 논다고 한다. 일을 잘하는 집단을 따로 떼어내면 신기하게도 그중의 20%는 일하고 80%는 나태해진다고 한다. 당초에 일을 열심히 하지 않았던 집단을 분리해봐도 그중 20%는 일을 열심히 한다고 하니 20대80의 법칙을 유도하는 보이지 않는 손이 있을 것이라는 생각이 들 정도다.

파레토 법칙은 기업에도 적용된다. 20%의 소비자가 기업의 매출 가운데 80%를 책임지는 것이 대표적이다. 누구나 손쉽게 들를 수 있는 백화점에 가면 십시일반으로 물건을 팔아 수익을 낼 것 같지만 막상 매출 전표를 열어보면 그렇지 않다는 것이다. 상위 20%가 고가의 옷이나 신발을 비롯한 명품 상품군에서 쓰는 돈이 매출의 80% 안팎에 달한다는 얘기다. 백화점이 이들 상위 20%를 어떻게 잡느냐에 따라 성패가 좌우된다고 해도 과언이 아니다. 그래서 백화점에 가보면 가장 알짜 공간인 1층을 럭셔리한 명품 공간으로 꾸며 눈길 사로잡기에 나서는 것을 볼 수 있다.

신용카드 시장에서도 비슷하다. 신용카드는 연회비를 받는 카드와 받지 않는 카드로 나뉜다. 하지만 카드 회사 시각에서 사실 연회비 혜택은 큰 의미가 없다. 받은 만큼 거의 그대로를 돌려주기 때문이다. 예를 들어 연회비가 20만 원짜리인 카드가 있으면 백화점 상품권, 항공권 업그레이드 서비스를 비롯한 여러 혜택을 가입 즉시 소비자에게 되돌려준다. 그런데도 카드 회사는 왜 연회비가 높은 회원을 확보하는 데 주력할까. 파레토 법칙에 따라 이들이 소비를 주도하기 때문이다. 비싼 연회비를 내고 카드에 가입할 수 있는 '경제력 있는 소비자'들이 주로 비싼 상품을 구매해 카드로 긁기 때문에 카드 회사 매출 상승의 1등 공신이 되는 것이다.

하지만 롱테일 법칙은 이와 접근 방식이 다르다. 집중되어 있는 소수보다는 버려진 다수에 주력한다. 롱테일이라는 이름이 붙은 것도 그래서다. 롱테일은 긴 꼬리라는 뜻이다. 꼬리는 전통적인 시장에서 판매량이 적었던 비주류 상품이다. 당연히 효율이 중시되던 기존 마켓에서는 버려도 무방했던 시장이다.

하지만 꼬리가 무한대로 길어지면 얘기가 달라진다. 틈새시장을 노려 여기서 부가가치를 낼 수 있다. 특히 IT 시대를 맞아 틈새시장을 개척하는 비용이 0에 수렴할 정도로 떨어지면서 롱테일 시장은 주목받기 시작했다. 주목할 점은 핀테크 시장이 롱테일 시장과 밀접하게 맞닿아 있다는 점이다. 금융 소비자의 신용을 가려낼 수 있는 비용이 급속도로 줄어들고 있기 때문이다.

예를 들어 고객의 신용도를 SNS로 분석해 중금리 대출을 해주는 핀테크 업체를 가정해보자. 이 시장은 과거에는 생겨날 수 없는 시장이었다. 파레토 법칙에 따르면 그렇다. 예를 들어 은행이 대출해주는 금융 소비자는 계좌 정보로 손쉽게 신용 정도를 측정해 대출 여부를 바로 결정할 수 있는 소수 20%에 한정돼 있었다. 파레토 법칙을 따르는 은행은 태생적으로 소수에 집중할 수밖에 없다. 섣불리 돈을 빌려줬다가 떼일 우려가 있기 때문에 불특정 다수의 롱테일 시장을 상대로는 영업을 할 수 없다는 얘기다. 그러다 보니 0.1% 단위로 치열한 대출금리 경쟁을 피할 수 없다. 금리 민감도가 높은 소수의 금융 소비자를 상대로 치열한 영업을 해야 한다.

하지만 핀테크 시대로 가면 얘기가 달라진다. 일단 소비자의 신용을 측정할 수 있는 여러 가지 새로운 수단이 생기고 있다.

미국 하버드대학교의 아심 크와자 교수는 맞춤법을 틀리지 않는 대출자가 맞춤법에 취약한 대출자에 비해 연체율이 평균 15% 정도 낮다는 연구 결과를 바탕으로 신용 평가 모델을 내놓았다. 미국 일부 신용 평가 회사들은 이를 실제로 신용 평가 변수로 활용하고 있다.

상품 약관을 제대로 보지 않고 '확인'을 곧바로 클릭하는 사람의 신용도를 깎는 모델도 있다. 심지어 대출 서류를 열람하는 속도를 신용 평가에 반영하는 모델까지 나올 정도다. 서류를 꼼꼼하게 보지 않는 사람은 그만큼 연체율이 높을 수 있다는 가정을 세워놓은 것이다.

해외의 일부 핀테크 기업은 소비자가 SNS에 남긴 글이나 댓글 등을 수집해 비금융 소비자의 행동을 분석하거나 온라인 평판을 조회하기도 한다. 예를 들어 페이스북에 부정적인 글을 많이 남기면 감점된다. 매일 비관에 빠져 세상을 원망하며 술로 세월을 잊으려는 사람이 돈을 빌리면 성실하게 갚겠느냐는 생각에서 출발한 것이다. 통신비와 전기 요금, 수도 요금 연체 여부 등을 판별해 신용도를 분석하기도 한다.

롱테일 중금리 대출의 확산

이런 식의 새로운 신용 평가 방식은 롱테일 시장에 무궁무진하게 쓰일 수 있다. 예전에는 대출자의 적정 신용도를 평가할 수 없어 금융 불모지로 남았던 롱테일 시장의 잠재 대출자들이 대거 핀테크 업체 대출 시장으로 넘어올 수 있기 때문이다. 이들은 금리 0.1%포인트를 놓고 경쟁을 벌이는 소수 시장에 집중하지 않는다. 쉽게 은행 문을 두드리지 못했던 금융 소외자들이 핀테크 업체의 주요 타깃이다. 대신 한꺼번에 많은 돈을 소수의 대출자에게 빌려주지는 못한다. 소액 대출을 다수를 상대로 실행한다. 그래서 롱테일이다. 소위 '소액 자금, 저신용' 대출이다.

이미 2000년대 초반 미국 온라인 서점인 아마존은 시장에 이 같은 수요가 있다는 것을 보여줬다. 온라인 판매를 통해 1년에 몇 권 안 팔리는 책의 판매를 촉진하는 틈새시장 공략을 추진했다. 전체 책의 80%에 달하는 '흥행성 없는 책'들의 매출을 모았더니 상위 20%의 베스트셀러 매출을 뛰어넘는 의외의 결과를 냈다. 인터넷의 발달로 유통비용이 줄고 재고 부담이 줄어드니 평소 잘 팔리지 않는 책도 얼마든지 온라인 매장에 걸어놓고 판매를 유도할 수 있게 된 것이다. 온라인 쇼핑몰인 이베이 역시 이런 식으로 롱테일 시장을 집중 공략해 성공 스토리를 쓴 사례다.

이런 현상을 핀테크로 금융시장에서 재현할 수 있다. 소위 금융 롱테일 법칙으로 부를 수 있다. 신용도가 높아 은행에서 얼마든지 돈을 빌릴 수 있는 소수는 기존 금융 시스템에 머문다. 끝이 보이지 않을 만큼 긴 롱테일 금융 소비자는 SNS 분석 등을 통해 '나보다 더 나를 잘 아는' 핀테크 업체에 의해 신용도를 평가받고 각자 다른 금리로 돈을 차용할 수 있는 것이다. 이런 식으로 롱테일 핀테크 시장의 대출 잔액을 합치면 지금 은행 등의 제1금융권에서 돈을 빌리는 수요를 훨씬 뛰어넘는 새로운 시장이 만들어질 수 있다. 마찬가지로 대기업은 은행, 영세 자영업자는 핀테크 시장을 통해 사업 자금을 융통할 수도 있을 것이다.

이런 서비스는 금융의 모바일화, 빅데이터의 발달로 더욱 촉진될 것이다. 예전에는 금융 롱테일 수요가 있었더라도 금융 점포를 마련해야 하는 진입 장벽 때문에 새로운 서비스가 태동하기 힘들었다. 하지만 신용을 분석하고 대출을 심사하고 실제 돈이 건네지는 과정 모두가 모바일을 통해 이뤄진다면 진입 장벽은 단숨에 파괴된다. 여기서 나오는 빅데이터는 정밀 분석해 서비스가 업그레이드될 수 있도록 진화하는 촉매제 노릇을 한다. 이 같은 작업이 극한으로 고도화하면 모바일로 클릭 한 번만 하면 개인 맞춤형 적정 금리가 튀어나오는 서비스도 얼마든지 만들수 있다.

P2P 대출의 비즈니스 모델로 큰 성공을 거둔 미국의 렌딩클럽은 이미 이 같은 수요가 시장에서 빠르게 자리를 잡고 있다는 것을 보여준다. 비싼 수수료를 물고 은행을 통해 돈을 보내야 했던 과거의 해외 송금 서비스 모델도 핀테크 기업들이 시장에 나오면서 롱테일 시장으로 접어들고

있다. 환전 수수료에 부담을 느껴 비즈니스의 어려움을 호소했던 롱테일 중소기업들이 주요 타깃이다. 기존 서비스 대비 10%에 불과한 수수료로 모바일을 통해 돈을 보내는 식으로 잠재된 롱테일 해외 송금 수요를 모으면 은행을 통해 거래되던 기존 송금액을 합친 것 이상의 새로운 시장을 발굴할 수 있다는 얘기다.

카드와 핀테크는 찰떡궁합

신한카드는 빅데이터로 가입자의 속마음을 꿰뚫어보는 '예언 마케팅' 시스템을 도입했다. 이 회사는 가입자의 상담 녹취록과 홈페이지 게시글, SNS에 올라온 글을 빅데이터로 분석해 가입자의 행동을 예측하는 '빅데이터 이탈 방지 솔루션'을 개발했다.

상담 내용 녹음분을 전부 문서 데이터로 바꾼 뒤 여기에 홈페이지와 SNS에 올라온 글을 더해 계약 종료가 임박한 가입자를 가려내는 구조다. 카드 해약이 임박한 가입자가 상담 과정에서 쓰는 단어에 특정한 패턴이 있는 것을 발견해낸 것이다. 여기에 홈페이지 접속 이력과 카드 사용 내역 등을 분석하면 매우 정밀하게 카드 해지 여부를 가려낼 수 있다고 신한카드 측은 설명했다.

신한카드 관계자는 "SNS에 올라온 글을 빅데이터 솔루션에 넣으면 가입자의 감정이 긍정적인지 부정적인지 심리 상태는 물론 감정의 폭까지도 데이터로 분석해낼 수 있다. 여기서 나온 자료로 향후 행동을 예언하면 높은 정확성을 보인다"고 설명했다.

5% 할인 어때요?

지금까지 카드사가 대형마트와 공동으로 하는 판촉 행사는 초보적인 수준이었다. 매장이 있는 곳을 중심으로 지갑을 열 만한 30~50대 주부를 주요 타깃으로 대량의 할인 다이렉트 메시지(DM)를 보내는 정도였다.

하지만 2015년 삼성카드는 판촉 행사의 근간을 바꿀 만한 빅데이터 마케팅 카드를 들고나왔다. 삼성카드 가입자의 결제 데이터를 바탕으로 누가 특정 매장에 갈 확률이 높은지를 예측하는 시스템을 개발해 카드 마케팅의 새 장을 연 것이다.

삼성카드는 빅데이터 기반의 '스마트 알고리즘' 시스템을 개발해 특허를 출원했다. 스마트 알고리즘은 카드사가 가진 데이터를 십분 활용해 가맹점의 매출을 단기간에 끌어올리는 삼성카드 특유의 시스템이다. 소비 패턴을 비롯한 314개 변수를 분석해 특정인의 소비 트렌드를 미리 읽어낼 수 있다. 원기찬 사장이 야심 차게 가동한 빅데이터 프로젝트다.

2015년 초 스마트 알고리즘이 도입된 이마트 김포한강점은 빅데이터 분석 효과를 톡톡히 본 대표 사례다. 이전까지 이마트 김포한강점이 DM을 보내는 대상은 인근 김포 지역에 사는 소비자가 절대 다수를 차지했다. 하지만 DM을 받은 소비자가 실제 매장에 와 물건을 사는 비율은 채 3~4%를 넘지 않았다. 스마트 알고리즘을 거쳐 나간 DM은 김포 소비자 비중이 35.9%에 불과했다. 일산 소비자가 19%, 인천 서구에 사는 사람은 16.4%에 달했다. 소비자 중 파주에 사는 사람 비중이 4.6%, 서울 강서구는 2.5%였다. 거리가 먼 서울 도봉구(0.9%)까지 DM이 날아갔다. DM 범위가 대폭 넓어졌는데 소비자 반응률은 3~4%에서 16~17%로 많게는 7~8배 치솟았다. 사람의 편견이 개입할 여지를 최소화하고 빅데이터 분석에 의존해 DM을 날리는 스마트 알고리즘의 효과가 톡톡히 입증된 것이다. 허재영 삼성카드 비즈솔루션 팀장은 "카드 결제 데이터에 찍혀 있는 일주일 마트 방문 횟수와 주 소비 지역, 마트 방문 요일 등을 분석하면 특정 소비자가 어느 시점에, 어디에 있는 마트에 갈 것인지를 예측할 수 있다. 이 정보를 바탕으로 소비자의 예상 동선 안에 있는 대형 마트에서 할인 DM을 보내 발걸음을 붙잡는 구조"라고 설명했다.

기존에 성별, 나이, 주소 등 인구통계학적 정보를 토대로 주먹구구로 소비자를 분석해 얻은 것과는 비교할 수 없을 정도의 정밀한 '타깃 마케팅'을 할 수 있다는 얘기다.

삼성카드는 이마트의 전략 점포 10곳과 손잡고 스마트 알고리즘을 통한 빅데이터 마케팅을 진행했다. 그 결과 15%에 달하는 소비자 이용률을 기록했는데, 방문자 중 73.2%는 직전 2개월간 해당 이마트를 한 번도 가지 않은 소비자였다. 다른 카드를 주로 쓰던 단골 소비자가 할인 혜택에 혹해 특정한 날에만 삼성카드로 결제한 것이 아니라는 얘기다. 스마트 알고리즘이 새로운 소비를 일으키는 효과가 입증됐다고 볼 수 있다.

삼성카드는 스마트 알고리즘을 무기로 여러 가맹점에 컨설팅을 해줄 계획이다. 허재영 팀장은 "백화점은 물론 금융이나 주유소를 비롯한 여러 업종과의 협력 가능성을 열어놓고 있다"고 말했다.

인공지능 카드의 진격

서울 중랑구에 사는 30대 남성 A씨가 가족을 데리고 강원도로 여행을 떠나 유명한 막국숫집에서 KB국민카드로 결제를 한다. 그러자 문자 메시지로 3일간 KB국민카드로 20만 원 이상 쓰면 쓴 돈의 5%를 현금으로 돌려주겠다는 안내가 떴다.

당초 다른 카드를 쓸 계획이었던 A씨는 숙박비와 커피 값, 삼겹살에 상추까지 전부 KB국민카드로 결제해 20만 원 한도를 채웠다. 발품을 팔면서 애써 할인을 해주는 가게를 찾아갈 필요 없이 여행 경비 1만 원을 절약한 것이다.

이같이 카드 결제 데이터를 분석해 자동으로 할인 혜택을 제안하는 서비스를 KB국민카드가 내놓았다. 카드 결제가 일어나는 즉시 최적의 할인 경로를 분석해 할인 시나리오를 알려주는 인공지능 시스템이다.

KB국민카드는 이 서비스의 이름을 '스마트 오퍼링'이라고 붙였다. KB국민카드는 지난 1년간 여러 형태의 시범 사업을 벌여 최적의 혜택을 제공할 수 있는 20여 가지 할인 시나리오를 구축했다. 예를 들어 주로 서울 강남과 성남시 분당 일대에 결제가 집중됐던 가입자가 경부고속도로 하행선 휴게소, 주유소에서 카드를 긁으면 여행이나 출장을 떠났을 가능성이 높다고 보고 당일 음식점에서 10만 원을 넘게 쓰면 5,000원을 돌려주는 문자 알람을 보내는 것이다.

여름휴가 때 인파가 몰리는 제주나 경주, 전주 등지에서 외부인으로 추정되는 카드 결제가 발생하면 비슷한 문자 알람을 보내 카드 소비를 유도할 수도 있다. KB국민카드 관계자는 "사전에 할인 서비스에 가입하거나 로그인할 필요 없이 카드사가 알아서 최적의 혜택을 제공한다는 점에서 가입자가 느끼는 체감 할인 폭이 매우 크다. 빅데이터 인공지능으로 카드사가 먼저 실시간으로 할인 서비스를 제안하는 것은 이번이 처음"이라고 설명했다. 굳이 발품을 팔아 할인해주는 곳을 찾아다닐 필요 없이 원래 쓰려던 액수를 KB국민카드로 몰아주기만 해도 돈을 아낄 수 있어 효과가 크다는 얘기다. 갈수록 포화되는 카드 시장 싸움에서 승기를 잡기 위해 특정 카드로 결제를 집중하는 효과를 기대하는 것이다.

금융 사기도 홍채 인식으로 예방

핀테크 업체 더치트는 금융 사기를 예방하는 기술을 무기로 우리은행과 제휴하는 데 성공했다. 이 업체는 금융 소비자가 대포통장일 가능성이 높은 계좌에 인터넷으로 송금을 시도할 때 이를 미리 알아채고 경고 메시지를 보낼 수 있는 기술을 갖고 있다. 김화랑 더치트 대표는 "이 솔루션을 쓰면 금융 사기 피해의 절반은 막을 수 있을 것"이라고 말했다. 이리언스는 홍채 인식 분야를 파고들어 기업은행과 제휴하는 쾌거를 올렸다. 개인마다 다른 홍채 구조를 통해 본인인지를 가리는 방식이다. 황정훈 이리언스 본부장은 "비대면 본인 확인이 필요한 금융 서비스를 개발하는 데 홍채 인식 기술이 유용하게 쓰일 것"이라고 말했다.

KEB하나은행은 빅데이터 분석으로 신용 평가의 정확도를 높이는 '소셜 신용 평가' 기술을 가진 (주)핀테크와 양해각서(MOU)를 체결했다.

카카오톡 기반의 소셜 주식 거래 정보 업체인 '두나무'와 전자금융 B2B 서비스 업체인 '웹케시'도 핀테크 분야에서 손꼽히는 차세대 업체다. 지급결제 분야로 한정됐던 한국 핀테크가 여러 분야로 외연을 넓히는 모습이 속속 관측되는 것이다.

6 실리콘밸리를 이끄는 스타트업은 무엇?

실리콘밸리 스타트업 코인(Coin)의 인도인 CEO인 카니시크 파라샤르(Kanishk Parashar) 씨를 실리콘밸리에서 만났다. 코인은 2010년 설립된 신용카드 모양의 플라스틱 카드를 파는 회사다. 코인 카드에는 여덟 개까지 카드 정보를 담을 수 있다. 그리고 여기에 달린 동그란 버튼을 누르면 그때마다 신용카드 정보를 바꿀 수 있다. 코인 카드를 신한카드 용도로 쓰다가 버튼을 누르면 삼성카드로 변신하는 셈이다. 코인은 이 카드를 '웨어러블 디바이스'로 정의한다.

파라샤르 CEO는 "신용카드 모양이 감정적으로 소비자에게 매우 친숙해서 아무리 기술이 발전하더라도 신용카드를 쓰는 문화가 쉽게 변하지 않을 것"으로 확신하고 있었다.

"그거 아세요? 미국에서 신용카드를 발급받는 것은 부모에게서 독립하는 것을 의미하죠. 아무리 스마트폰 결제가 발달해도 신용카드를 꺼내 쓰는 문화는 변하기 힘들어요. 이것 자체가 하나의 굳어진 관습이기 때문이죠. 이것은 단순히 카드 정보를 저장할 수 있는 플라스틱 카드가 아닙니다. 이게 바로 스타일이에요. 지금 전 세계에 웨어러블 열풍이 불고 있죠. 시계는 물론 안

미국 실리콘밸리에서 만난 코인의 카니시크 파라샤르 CEO.

경, 반지, 의류, 팔찌까지 전부 웨어러블로 진화하고 있다고요. 사람들이 스마트폰 외에 스마트 기기를 한두 개 더 원하고 있다는 뜻이죠. 그래서 우리는 코인 카드를 웨어러블로 정의합니다."

코인 카드를 쓰는 방식은 단순하다. 가맹점에서 실제 신용카드처럼 그냥 긁으면 된다. 신용카드를 받는 상점이나 ATM에서 똑같이 쓰면 된다. 스마트폰과 블루투스 연결이 되어 있어 스마트폰과 일정 거리 이상 떨어지면 자동으로 알람이 울린다. 보안성을 높이기 위해서다. 모스부호와 비슷한 암호를 입력하는 기능도 있어 분실했을 때 카드를 쉽게 도용당할 위험성을 줄였다. 파라샤르 CEO는 스마트폰 결제가 유행하면 코인 카드의 인기가 떨어지지 않겠느냐는 질문에 이렇게 답했다.

"코인은 충분히 스마트폰과 양립할 수 있어요. 주유소에 왔다고 생각해보세요. 지금 막 통화 중인데 결제하려고 통화를 끊고 스마트폰을 건네줘야 하나요? 그것은 말이 안 되겠죠. 신용카드가 오랫동안 사랑받는 것은 그만한 이유가 있습니다. 결제가 매우 간편하기도 하고요. 코인의 성공을 바탕으로 다른 분야로 확장하려는 계획도 갖고 있어요."

파운더스스페이스를 가다

액센추어의 보고서에 의하면 2014년 세계 핀테크 관련 벤처 투자 규모는 120억 달러(약 13조 2,000억 원)에 이른다. 같은 시기 미국 실리콘밸리에 투자된 핀테크 투자 자금만 20억 달러(약 2조 2,000억 원)다. 유독 실리콘밸리에 핀테크 창업 투자 자금이 몰리는 이유는 뭘까? 해답을

듣기 위해 2015년 4월 샌프란시스코에 있는 창업 센터 파운더스스페이스에서 스티브 오스틴 이사를 만났다.

그는 멀리 한국에서 온 손님들을 맞아 4시간가량 샌프란시스코 일대를 직접 운전해 안내하는 궂은일을 맡았다. 그러면서 그는 "상대가 누구이건 간에 상관없이 일단 도와주고 보는 게 실리콘밸리의 문화다. 이런 문화는 세계 어디에도, 미국 어디에도 없는 아주 독특한 관행"이라고 말했다.

샌프란시스코 인근의 멘로 파크 주변 식당가에 들른 그는 한국 손님을 본인의 단골 샌드위치 가게로 안내했다. 일주일에 두세 번은 이곳에 들러 점심을 해결한다고 했다. 오스틴 이사는 "이 식당가야말로 핀테크에 필요한 모든 인재를 구할 수 있는 곳이다. 개발자가 필요하면 개발자를, 디자이너가 필요하면 디자이너를 즉시 채용할 수 있다"고 말했다.

아무 식당이나 들어가 이러저러한 일로 개발자를 구했으면 하는데 함께할 수 있는 사람이 있느냐고 물으면 누군가 한 명은 반드시 손을 든다는 것이다.

오스틴 이사는 "내가 불특정 다수의 누군가를 도와주면 반드시 나중에 불특정 다수에게 도움을 받을 수 있다고 믿는 곳이 이 실리콘밸리다. 오랫동안 이런 식으로 형성된 실리콘밸리만의 끈끈한 네트워크가 핀테크를 비롯한 첨단 IT 산업을 밑바닥부터 이끌고 있다"고 말했다.

7 은행을 더 가치 있게

밴쿠버에 있는 자핀은 2002년도에 설립돼 금융회사가 어떻게 고객들에게 서비스 요금을 책정하고 더 질 좋은 서비스를 개발해 제공하는지를 컨설팅해 주는 핀테크 업체다. 대런 네그래프 자핀 이사는 "은행이 고객이 원하는 상품과 서비스를 개발해 이를 통해 고객들의 충성도를 높일 수 있게 할 수 있다"고 설명했다.

캐나다 밴쿠버에서 만난 대런 네그래프 자핀 이사. 그는 "핀테크와 기존 금융권이 만나 엄청난 시너지 효과를 낼 수 있다"고 말했다.

"은행은 여러 규제로 순이익을 낼 수 있는 능력이 많이 떨어진 상태예요. 미래가 불투명하기까지 하죠. 예전에는 안락하게 수수료를 기반으로 장사할 수 있었지만 이제는 아닙니다. 고객들도 예전과 많이 달라져 원하는 상품에 많은 차이가 있어요."

자핀은 이 같은 요구를 토대로 '마이레버뉴 슈트(miRevenue Suite)'라는 신상품 개발 솔루션을 만들었다. 소비자와 은행 사이의 벽을 허물어 소비자가 원하는 상품을 정확히 이해하고 신상품 개발에 반영할 수 있는 모델이다. 누가 이런 시스템까지 쓰겠느냐는 회의적인 시각도 있었지만 돈 냄새에 민감한 창업 자금은 급격히 자핀으로 쏠렸다.

회사 수익이 연평균 약 600%로 급격히 성장해 직원 수가 매년 두 배

로 늘었다. 〈아메리칸뱅커(American Banker)〉가 선정한 '2014년 주목
해야 할 핀테크 기업 10곳(Top Ten FinTech Companies to Watch)'에
올랐다.

"한 대형 은행은 3~4개월이 걸리던 신상품 개발 과정을 무려 2주로
단축시켰어요. 500만 캐나다달러의 자금을 유치한 데 이어 1,500만 달
러(미국)의 투자를 추가로 받기도 했습니다. 핀테크로 금융회사의 경쟁
력을 높이는 기술 하나만으로도 얼마든지 전 세계의 주목을 끌 수 있습
니다."

ATM 대수까지 알려줘요

캐나다 밴쿠버에서 만난 이넷코는 B2B 분야의 핀테크 업체 중 대표
주자다. 1994년 설립된 이 업체는 금융 산업에서 이뤄지는 데이터 전송
과정을 쉽게 분석할 수 있는 시스템을 제공한다. 주 무기는 ATM 거래
분석이다.

바이잔 사니(Bijan Sanii) 이넷코 CEO는 "핀테크가 꼭 지급결제, 송
금 같은 특정 분야에만 관련 있다고 생각하면 큰 오산이다. 오히려 우리
처럼 눈에 잘 보이지 않는 업체들이 더 경쟁력이 있을 수도 있다. 돈을 벌
만한 한 방이 있다"고 말했다.

사니 CEO는 캐나다의 한 금융회사에 이넷코 시스템으로 컨설팅한
결과 효율성이 약 74% 올라갔다고 설명했다. "데이터를 정밀하게 살펴
지역에 배치된 ATM의 수익률을 분석해 효율적으로 관리할 수 있게 합

니다. 어느 점포 ATM에 과부하가 걸리면 ATM을 더 놓고, 인근에 추가로 ATM을 설치하라고 조언하는 식이지요. 피크타임에 고객이 얼마나 찾아오는지, 최고의 서비스를 제공하기 위해서는 몇 대의 ATM이 필요한지를 데이터를 통해 고차방정식을 푸는 겁니다."

이넷코는 이를 통해 소비자의 만족도를 극대화하면서 새로운 이익을 창출할 수 있다고 설명했다.

Q 이넷코에 컨설팅을 맡기는 금융회사가 데이터로 어떻게 그들만의
가치를 창출할 수 있나요?

A 분석을 통해 소비자의 만족도를 높이고 새로운 매출 기회를 찾을 수 있도록
도울 수 있습니다. 예를 들어 ATM 내의 현금이 얼마나 빨리 나가고 또 들어
오는지 알 수 있습니다. 이렇게 되면 현금흐름률을 알 수 있어요. 주당 80%
의 현금을 사용하는지 아니면 30%만 사용하는지를 볼 수 있습니다. 현금을
ATM에 그냥 두는 것만으로도 배달 비용, 유지 비용이 발생하는데 이러한 정
보를 통해 ATM의 현금을 효율적으로 운용할 수 있게 됩니다. 그래서 매주 1
회 현금 배달 차량을 보내지 않고 2주에 한 번씩 보낼 수 있습니다. 또한 고객
들이 ATM에 현금이 없다는 것을 알기 전에 신속하게 현금을 넣어두어 매출
기회를 잃어버리지 않을 수도 있습니다.

Q 만약 애플페이나 알리페이 담당자가 와서 이넷코 제품들로 서비스의
질을 향상시키고 싶다고 한다면 어떻게 답변할 수 있을까요?

A 사실 이런 것이 이넷코 제품을 가장 잘 활용할 수 있는 사례입니다. 대체로 금
융 시스템을 안정적으로 잘 운영하지만 많은 문제점이 발생하는 때가 시스
템 업그레이드, 서버 증설, 새로운 고객 등록 등 기존 시스템 환경에 변화를
줄 때입니다. 만약 은행이 애플페이를 기존 고객들에게 론칭한다고 할 때 기
존 시스템은 예상되는 큰 폭의 고객 트래픽을 감당하지 못할 수 있습니다. 왜
냐하면 애플페이는 아이폰 사용자가 운영체제(OS)를 업그레이드하자마자 서
비스를 바로 쓸 수 있게 되어 있거든요. 사용량이 급격히 올라갈 수 있습니다.
은행 시스템은 점진적인 사용량 증가에 대비하도록 만들어졌기 때문에 과부
하가 걸릴 수 있어요. 하지만 이넷코를 통해 사용량을 모니터링한다면 신속하
게 대응할 수 있습니다.

결제와 송금을 참 쉽게

2014년 5월 밴쿠버에서 시작한 컨트롤(Control)은 결제 관리 플랫폼을 제공하는 핀테크 업체다. 캐스린 로웬(Kathryn Loewen) 컨트롤 CEO는 이 회사에 대해 이렇게 설명했다.

"페이팔, 비자, 마스터카드를 비롯해 주위에 보이는 결제 방식만 50가지가 넘어요. 여기서 하는 결제를 일일이 따로따로 관리하는 것은 보통 쉬운 일이 아닙니다. 그래서 여기서 나오는 오픈된 데이터를 받아 하나로 묶는 작업을 해보기로 했어요. 우리 서비스를 쓰면 어디서 무엇을 얼마나 썼는지 한눈에 들어오게 되지요."

특히 이런 결제 데이터를 모바일 환경에서 쉽게 확인할 수 있는 것이 컨트롤이 자랑하는 특기다. 특히 소상공인이 언제 어디서나 매출을 확인할 수 있는 점이 주목할 만한 대목이다. "예를 들어 온라인 쇼핑몰을 운영하는 작은 업체 대표를 생각해보세요. 예전 같으면 페이팔에서 얼마나 매출이 나왔는지, 비자에서 나온 결제액은 얼마였는지 일일이 머리를 싸매고 결산해야 하지만 컨트롤이 있으면 그런 걱정이 사라집니다. 골프장에 있든 하이킹을 하든 언제 어디서나 실시간 매출과 판매 현황, 고객의 반품 진행 상황을 보고 처리할 수 있습니다. 얼마 전 론칭한 '컨트롤 보드(Control Board)'를 쓰면 결제 관련 데이터에서 '사기(Fraud)' 가능성이 높은 거래를 찾아 사전에 통보받을 수도 있어요. 사기 거래 가능성이 높은 케냐나 러시아 시장에서 필요할 것으로 보입니다."

(위)캐나다 밴쿠버에 소재한 핀테크 기업 컨트롤의 전경. 사진 오른쪽에 커피를 들고 있는 여성이 이 회사의 캐스린 로웬 CEO다.

(아래)핀테크 기업이 몰리는 캐나다 밴쿠버 시내 전경.

컨트롤은 얼마 전 150만 달러(약 16억 5,000만 원)에 달하는 펀딩을 확보하며 회사의 기틀을 다지고 있다. "플랫폼 사업의 가치는 무궁무진합니다. 앞으로 세계를 뒤흔들 핀테크 스타트업으로 만들겠습니다."

국경을 넘어선 간편 송금

밴쿠버에 있는 하이퍼월렛(HyperWallet)은 전 세계 곳곳으로 간편하게 돈을 보낼 수 있는 서비스가 주 무기인 핀테크 기업이다. 리사 실즈(Lisa Shields) 하이퍼월렛 창업자는 이렇게 회사를 소개했다.

"생각해보세요. 근무 환경이 예전과는 많이 달라졌어요. 호주에 있는 그래픽 디자이너가 미국에 있는 고용주와 일을 하는 경우를 상상해볼 수 있겠죠. 우버(Uber)나 에어비앤비(Airbnb)를 비롯한 공유경제 모델이 확산되면서 우리가 알고 있던 송금 환경이 급속하게 전 세계로 확장되고 있습니다." 개인 간에 소액의 돈을 간편하게 보낼 수 있는 서비스가 글로벌 킬러 콘텐츠로 떠오를 수 있다는 말이다. 예를 들어 밴쿠버에 사는 여행자가 뉴욕에서 여행할 때 현지에 집을 렌트하면서 하이퍼월렛으로 소액의 돈을 최소한의 수수료로 보낼 수 있으면 서비스를 찾는 소비자가 늘어날 것이라는 이야기다.

"물론 전통적인 은행망을 통해 돈을 보낼 수 있겠죠. 하지만 수수료가 지나치게 많이 나가 배보다 배꼽이 더 큰 경우도 나올 겁니다. 시간도 3일 넘게 걸려요. 우리 서비스는 고용계약 번호, 직원 번호, 이메일 주소, 전화번호 등과 같은 수신자의 독특한 정보만 있으면 27개 언어를 지원하

밴쿠버 소재 하이퍼월렛 본사에서 만난 리사 실즈 CEO(왼쪽).

는 시스템에서 이메일, 문자, 모바일로 수신자와 접속해 돈을 바로 보낼 수 있습니다. 수신자는 받은 돈을 계좌에 바로 입금할지, 신용카드에 크레디트로 적립할지, 아니면 지역 파트너를 통해 현금으로 받을 것인지를 선택할 수 있지요. 비용 면에서 기존 은행망보다 10배 저렴하면서 국제 송금 규정도 준수합니다."

Q 하이퍼월렛을 쓰려면 어떤 기업과
파트너십이 있어야 하나요?

A 경우에 따라 다르지만 예를 들어 10만 건 이상의 대규모 결제를 처리하기 위
해 전문 업체들과 제휴하고 있습니다. 특히 우버나 에이비앤비 같은 공유경제
기업은 최적의 파트너라고 할 수 있지요. 글로벌 금융회사 다수와도 손잡았기
때문에 하이퍼월렛을 통해 63개국에 송금을 할 수 있습니다.

Q 현재 기업 고객 수와
하루 거래량은?

A 180곳의 기업 고객이 있고 1년에 1,200만 건의 결제를 처리하고 있습니다.
송금 수수료는 건당 평균 3달러입니다. 돈을 받을 때 내는 수수료는 전혀 없
지요. 기업이 은행망을 통해 돈을 주고받으면 송금 수수료 말고 따로 수신 수
수료도 내야 합니다. 이 비용이 보통 건당 30~60달러에 달합니다. 그리고 수
신자가 여러 옵션 중에 자기가 원하는 수신 방식을 택할 수 있어 기존 은행망
대비 20배가량 낮은 에러율(0.7%)을 자랑합니다.

PART
03

날아오르는
인터넷전문은행

한국도 한발 늦었지만 2016년부터 인터넷전문은행이 본격 출범한다. 2015년 11월 벌어진 인터넷전문은행 예비심사에서 KT를 중심으로 한 K뱅크 컨소시엄과 카카오를 축으로 한 카카오뱅크가 은행업 예비 인가를 받았다. 무려 23년 만에 새로운 은행 사업자가 나온 것이다. 이들 업체는 기존의 거대 은행과 치열하게 영역 다툼을 벌이며 새로운 시장을 열어젖혀 한국의 은행업 전반을 혁신하겠다는 각오를 보였다. 과연 이들이 은행 사업을 뒤흔들 '메기'가 될 수 있을지에 관심이 집중되고 있다.

그런데 사실 한국도 2015년 이전에 인터넷전문은행을 세울 기회가 두 번이나 있었다. 이번이 세 번째 도전이니 삼수 만에 성공한 셈이다. 2001

년에는 SK텔레콤, 롯데, 코오롱을 비롯한 대기업과 안철수연구소, 이네 트퓨처시스템 등 벤처기업이 힘을 합쳐 브이뱅크 설립을 추진했다. 하지만 결국 실패로 돌아갔는데 관건은 본인 확인 절차였다. 당시만 하더라도 은행에서 계좌를 트려면 본인 확인 절차를 거쳐야 하지만 인터넷전문은행은 점포가 없는 만큼 당시 기술로 금융실명제를 넘어서는 기술을 내놓으며 문제를 해결하는 것은 불가능했다.

그러다 2000년대 중반 이후 미국과 유럽, 일본을 중심으로 인터넷전문은행이 수익 궤도에 올라서자 이번에는 금융위원회 주도로 인터넷전문은행을 설립하자는 움직임이 있었다. 금융위원회는 2008년 금융 규제 개혁의 일환으로 은행법을 개정해 인터넷전문은행을 도입하겠다는 안건을 밀고 나갔다. 하지만 이번에는 국회 정무위원회의 반대에 맞닥뜨렸다. 은행 산업이 부실해질 가능성과 과당경쟁 우려를 이유로 은행법 개정안에서 인터넷전문은행 도입 관련 조항을 삭제한 것이다. 산업자본이 은행을 지배하면 안 된다는 은산 분리 논의도 인터넷전문은행 설립을 막은 중요한 원인 중 하나로 지목된다.

삼수에 나선 인터넷전문은행 설립 건은 앞서 두 건의 실패 사례를 되풀이하지 않겠다는 의지가 강했다. 기술적으로 홍채 인식을 비롯한 개인 인증 수단이 비약적으로 발전해 본인 확인에 따른 기술적 장벽은 거의 없어진 상태다.

은산 분리를 비롯한 지배 구조 이슈에 대해 2015년 선정한 시범 사업자는 기존 은행법 규제를 그대로 적용하는 것으로 문턱을 넘었다. 산업자본은 인터넷전문은행의 의결권 있는 주식을 최대 4%만 가질 수 있도록 해 은산 분리 논란이 적용되지 않도록 했다. 그러면서 2016년 은행법이 국회에서 개정되면 소위 재벌이 아닌 대기업은 주식 비중을 대폭 높일 수 있도록 하는 식으로 두 마리 토끼를 잡고자 한 것이다. 산업자본이 인터넷전문은행에 참여할 수 있는 유인을 제공해 컨소시엄 기업의 폭을 크게 넓힌 것이다.

한국은 성공할 수 있을까?

2015년 11월 두 개의 컨소시엄이 은행업 예비 허가를 받았지만 사실은 세 곳이 지원했다. 인터파크를 축으로 한 I뱅크는 아쉽게도 문턱을 넘지 못했다. 하지만 세 개의 컨소시엄 모두 여기에 들어온 기업들의 면면은 화려했다.

허가를 따낸 카카오뱅크에는 넷마블, 로엔, SGI서울보증, 우정사업본부, 이베이, 예스24, 카카오, 코나아이, KB국민은행, 텐센트, 한국투자금융지주 등 다수의 업체가 참여했다.

한국투자금융지주가 50%, KB국민은행이 10%, 카카오가 10%, 나머지 여덟 곳이 각각 4% 이하의 지분을 서로 나눠 갖는 구조다. 지분 구조만 보면 주식의 절반을 가진 한국투자금융지주가 주도권을 갖고 있는 것처럼 보이지만 컨소시엄 이름을 '카카오뱅크'로 정한 것에서 볼 수 있듯 핵심은 카카오가 쥐고 있다.

인터넷전문은행 어떻게 다른가

분류	일반 은행	인터넷전문은행
소비자 접점	대면 채널이 주류	인터넷, 모바일로 서비스
본인 확인	지점에 방문해 신분증 제시	원격 영상 채팅, 전화, ARS 인증
서비스	은행별로 큰 차이 없음	P2P 대출, 특화 소매 상품 등 특성화 전략
영업시간	평일 9~16시	24시간 365일

'국민 메신저'로 불리는 카카오의 카카오톡은 스마트폰을 사면 가장 먼저 내려 받는 앱 중 하나다. 청소년층부터 70대 이상 노인층까지 스마트폰이 있는 사람 중 카카오톡을 쓰지 않는 사람은 손에 꼽을 정도다. 스마트폰 소비자와의 접점을 확실하게 갖고 있다는 점이 카카오뱅크의 장점이다.

카카오는 카카오페이, 뱅크월렛카카오 등 여러 핀테크 서비스를 해온 경험이 있다. 선풍적인 인기를 끌고 있는 카카오택시는 콜택시 문화에 일대 혁신적인 변화를 몰고 왔다. 기존에는 콜택시 상담원과 전화를 해서 현재 위치와 목적지를 일일이 설명해야 했지만 이제는 앱에서 터치 몇 번만 하면 서 있는 곳 앞으로 택시가 나를 데리러 온다.

이 같은 비즈니스 모델은 인터넷전문은행 사업을 하면서 그대로 적용할 수 있다. 은행 상담원과 카카오톡으로 상담을 나누고 웬만한 금융 상품은 카카오톡 플랫폼 안에서 가입하고 돈도 보낼 수 있다.

1대 주주인 한국투자금융지주는 증권업이 주력인 회사다. 안정된 지분 구조를 바탕으로 카카오뱅크와 증권이 시너지 효과를 내는 데 톡톡히 한몫할 수 있다. 우정사업본부가 컨소시엄에 들어온 것도 흥미롭다. 우정사업본부의 참여는 오프라인 접점을 늘리기 위한 포석이다. 우정사업본부는 전자상거래와 택배 배송망까지 갖춘 물류 기업이다. 우정사업본부가 가진 ATM만 전국에 5,000대가 넘는다.

SGI서울보증은 중금리 대출 시장으로 시장을 넓히는 데 1등 공신이 될 것으로 보인다. SGI서울보증이 가진 방대한 신용 평가 빅데이터를 활용하면 초기 리스크를 최소화하며 중금리 대출 시장으로 발을 뻗을 수 있기 때문이다. 특히 중국에서 인터넷 은행 위뱅크(WeBank)를 운영 중인 텐센트를 컨소시엄에 끌어들여 추후 글로벌 시장까지 노릴 수 있는 잠재력도 갖췄다는 평가를 받았다.

K뱅크는 통신사인 KT가 주도하는 컨소시엄이다. KT, 포스코ICT, GS리테일, 우리은행, 현대증권, 한화생명, KG이니시스, 다날 등 20여 곳이 골고루 참여했다. 세 개 컨소시엄 가운데 참여한 기업 숫자가 가장 많았다. K뱅크의 핵심 경쟁력은 빅데이터를 기반으로 한 원가 경쟁력이 꼽힌다.

K뱅크 컨소시엄에 참여한 업체들의 실적을 합치면 가입자 수 2억 명 이상, 결제 건수 연간 68억 건, 가맹점 350만 개, ATM 2만 3,000개, 오프라인 가맹점 1만 4,000개에 달한다. 여기서 쏟아지는 데이터만 잘 정제해도 엄청난 부가가치를 얻을 수 있다고 볼 수 있다.

결제 데이터와 구매 정보 등을 합쳐 다각도로 분석하면 얼굴을 마주 보지 않고도 개개인에 대해 세밀한 신용 평가를 내릴 수 있다는 주장이다. K뱅크 측은 여기서 도출한 정보를 대출 시장에 대입하면 대면 거래 없이도 연 10%의 중금리 시장 대출을 리스크를 최소화해 시작할 수 있다고 설명했다.

전국에 1만 개에 달하는 편의점을 갖고 있는 GS리테일의 영업망은 오프라인 접점을 확대하는 교두보 구실을 할 수 있다. 아직 남아 있는 7만여 개의 KT 공중전화 박스도 대대적으로 옷을 갈아입는다. 공중전화

박스는 전력선이 들어 있어 전력선통신을 통해 통신망을 붙이면 그 즉시 ATM으로 바꿀 수 있다는 것이다. 우리은행이 인수한 인도네시아 소다라은행을 통해 인도네시아 진출도 추진할 방침이다.

아쉽게 문턱을 넘지 못한 I뱅크는 인터파크를 축으로 모인 컨소시엄이었다. 인터파크, SK텔레콤, GS홈쇼핑, BGF리테일, NHN엔터테인먼트, IBK기업은행, NH투자증권, 현대해상, 웰컴저축은행 등 15개 회사가 모였다. K뱅크 못지않게 다양한 업체가 참여했다는 평가를 받았다. I뱅크 컨소시엄의 비전은 '혁신과 상생의 창조금융'이었다. 국내 통신 시장 점유율의 절반을 차지한 SK텔레콤의 참여가 큰 힘이 될 것이다. SK텔레콤의 통화 기록을 위치 기반 서비스(LBS)로 분석해 다른 서비스와 결합하면 기존에 볼 수 없었던 참신한 서비스가 쏟아질 수 있다는 것이다.

I뱅크는 모바일 개인 금융비서와 서민을 대상으로 하는 프라이빗 뱅킹(PB) 서비스, 모바일 직불 결제 서비스 등을 혁신 서비스로 내세우기도 했다. 소비자의 모든 경제활동을 24시간 함께하는 '생활 밀착형 은행'이 되겠다는 포부였다. 모바일 개인 금융비서 서비스는 모바일로 개인의 소득과 지출을 실시간으로 집계할 수 있는 가계부 기능이 담길 예정이었고, 은행 창구에서는 고액 자산가 위주로 이뤄지던 PB 서비스를 모바일로 단순화해 펀드나 보험 상품을 손쉽게 추천받을 수 있는 길을 열겠다는 생각이었다. 소비자의 데이터를 빅데이터 솔루션으로 돌려 로봇 PB가 자산을 관리해주는 '로보어드바이저(Robo advisor)' 개념이 적극 활용된다.

소상공인을 대상으로 한 금융 서비스 확대도 I뱅크가 내세운 차별화 포인트였다. 소상공인에게 가맹점 수수료를 완전히 없앤 모바일 직불 결제 서비스를 도입하겠다는 것이다. NHN엔터테인먼트가 가진 페이먼트 서비스인 페이코가 힘을 보탤 것이라는 분석이 나오기도 했다. 거래 정보에 기반한 빅데이터 신용 평가를 통해 소상공인 대상 대출금리를 획기적으로 낮추겠다는 복안도 내놓았다. I뱅크는 다음 인터넷전문은행 허가 때 재수에 나서겠다는 뜻을 밝힌 상태다. 미래를 정확히 내다볼 수는 없지만 I뱅크가 하고자 했던 여러 서비스 개념은 한국 금융업을 혁신할 수 있는 변수가 될 것으로 보인다.

인터넷전문은행은 송금, 결제, 대출, 예금과 적금을 비롯해 금융업 전반을 모두 손대기 때문에 핀테크 영역에서는 '끝판왕' 개념이라고 할 수 있다. 그동안 산발적으로 핀테크 영역에 문호를 개방하던 금융권이 인터넷전문은행 영업 개시와 맞물려 전면적으로 핀테크 신문물을 받아들이게 될 것이라는 분석도 나왔다. 변화의 물꼬가 제대로 터졌다는 얘기다.

교보생명은 왜 인터넷전문은행을 포기했을까?

2015년 8월 27일 일본 도쿄로 출장 가 일본 인터넷전문은행인 SBI스미신넷은행에 들렀을 때였다. 인터뷰를 하기 위해 배석한 하토리 다카유키 SBI스미신넷은행 팀장은 한국에서 신창재 교보생명 회장이 1시간 전에 들러 CEO를 비롯한 임원진과 미팅을 하고 막 떠났다고 했다. 신 회장과 1시간의 시차를 두고 같은 사무실에 들른 것이다.

신 회장이 도쿄 출장까지 자처하고 나선 것은 당시 참여를 저울질하던 인터넷전문은행의 현장 분위기를 파악하기 위해서였다. 당시만 하더라도 교보생명은 KT가 주도하는 인터넷 은행 컨소시엄에 참여할 것이 유력시됐다. 이에 앞서 교보생명은 임원 몇 명을 8월 초 SBI스미신넷은행에 파견해 1차 현황 파악을 한 바 있다. 실무진의 꼼꼼한 분석에 더해 최종 의사를 결정하기 위해 직접 한국에서 회장이 출장길에 올라 SBI스미신넷은행의 최고경영진을 만난 것이다. 이에 앞서 〈매일경제신문〉과 인터뷰한 신 회장은 "인터넷전문은행 진출에 깊은 관심이 있다"며 사업 진출을 적극 검토하겠다는 뜻을 밝힌 바 있다. 그는 당시 "금융 당국이 어떤 속내를 갖고 있는지가 관건이 될 것"이라고 말했는데, 이후 금융 당국이 은행이 아닌 금융회사의 사업 참여를 적극 독려하면서 교보생명은 인터넷전문은행 사업에 뛰어들 수 있는 유력 후보로 부각됐다. 회사 차원의 의지도 있는 데다 당국도 우호적인 제스처를 보내자 신 회장이 팔을 걷어붙이고 직접 시장조사에까지 나선 것이다.

교보생명이 일본 인터넷전문은행 여덟 곳 가운데 특히 SBI스미신넷은행에 관심을 둔 이유도 있었다. SBI그룹 계열사인 SBI스미신넷은행은 SBI 형제 회사로 증권사, 보험사, 자산운용사를 두루 갖고 있다. 교보생명이 속한 교보그룹이 교보증권을 비롯한 계열사를 보유한 것과 비슷한 모양새다. SBI스미신넷은행은 일본 인터넷 은행 중 가장 은행 본업에 충실한 곳으로 손꼽힌다. 여수신을 비롯한 대다수 은행 업무를 두루 취급한다.

교보생명은 2014년 말에 우리은행 입찰에 뛰어든 바 있다. 여러 조건이 맞지 않아 인수의 꿈을 중도에 접었지만 "사업 확장을 위해서는 은행이 필요하다"는 신 회장의 의중은 확고했다는 평가다. 은행이 필요한 교보생명, 일본까지 건너간 신 회장. 시장에서는 교보생명이 인터넷전문은행에 참여하는 것을 기정사실로 여기는 분위기였다. 하지만 결론은 정반대였다. 교보생명은 끝내 컨소시엄에 들어가지 않았다. 도대체 무슨 까닭이었을까.

주요 원인 중 하나로 꼽힌 것은 KT와의 지분 갈등설이다. 컨소시엄의 주도권을 잡는 주체를 놓고 KT와 교보생명이 신경전을 벌였다는 것이다. 교보생명이 바라는 이상향은 '은행 냄새가 물씬 나는' 인터넷전문은행이었다. 그래야 기존 교보그룹의 사업 포트폴리오와 시너지 효과를 극대화할 수 있을 것으로 봤다. 반면 KT는 KT가 보유한 IT 인프라스트럭처를 극대화하는 비즈니스 모델을 원했다. 이 과정에서 누가 지분을 많이 가져가느냐를 놓고 물밑 신경전을 벌였고, 끝내 의견 차이를 좁히지 못해 교보생명이 탈퇴를 선언했다는 것이다.

물론 이 시나리오도 영향을 미친 것은 사실이다. 하지만 좀 더 근본적인 원인은 "인터넷전문은행으로 돈을 벌 수 있겠느냐"는 근본적인 질문에 대해 교보생명이 끝내 명쾌한 답을 찾지 못했다는 쪽으로 귀결된다.

교보생명이 인터넷전문은행에 불참하겠다고 선언한 시기는 2015년 9월 15일이다. 교보생명 이사회가 열린 날이다. 이날 이사회에서 인터넷전문은행을 주요 안건으로 올린 교보생명은 장시간 난상 토론을 벌인 끝에 "발을 빼겠다"는 사인을 시장에 보냈다. 이 같은 결정이 나오게 된 주된 배경은 해외 투자자들의 반대였다. 교보생명은 지분 5% 이상을 보유한 해외 펀드들이 회사와 협력해 비중 있는 영향력을 행사한다.

오너 경영을 펼치는 한국 대기업은 이사회가 형식적인 역할을 하는 경우가 대다수이지만 교보생명의 문화는 유독 다르다. 회사 지분 33.78%를 가진 신 회장이 투자자의 의견을 최대한 존중하는 문화다. 신 회장이 "경영을 너무 교과서식으로 한다"는 얘기가 나올 정도다.

2003년 교보생명 창업주인 신용호 전 교보생명 회장이 타계했을 때 신 회장을 비롯한 유가족은 상속세로 1,830억 원을 냈다. 돈이 없으니 교보생명 주식 119만 9,001주를 물납했다. 전체 지분의 6.48%를 상속세 명목으로 낸 것이다.

'정석(定石)'을 중요시하는 신 회장 특성상 교과서에 나오는 대로 이사회 위주로 돌아가는 경영을 한다는 것이다. 교보생명 이사회에 인터넷전문은행 안건이 오르자 해외 투자자들이 잇달아 반대 의사를 표시했고, 내심 사업에 참여하는 것으로 가닥을 잡았던 신 회장이 이를 반영해 컨소시엄에 참여하는 것을 포기했다고 볼 수 있다.

이들 해외 투자자의 고향은 대다수 미국이었다. 미국은 세계에서 가장 먼저 인터넷전문은행이 출범한 곳이다. 인터넷전문은행이 탄생해 부침을 겪고 자리를 잡기까지 모든 과정을 다 겪은 곳이다. 미국계 투자 자금이 인터넷전문은행 사업을 부정적으로 보고 있다는 것은 그만큼 이 사업이 녹록지 않다는 것을 의미하는 것이다. 야심 찬 포부와는 달리 실제 시장에 뛰어들어 돈을 벌기까지 만만찮은 과정을 겪어야 한다는 얘기다.

특히 ATM이 거미줄처럼 깔려 있고, 모바일·인터넷 뱅킹에 익숙한 한국 시장을 상대로는 더 쉽지 않다는 분석이 나오기도 한다. 인터넷전문은행이 1차로 공략할 시장 중 대표적인 분야는 연 10% 안팎의 금리로 돈을 빌려주는 '중금리 대출'이 꼽힌다. 물론 가능성은 무궁무진하다. KT는 2015년 10월 열린 K뱅크 설명회에서 연평균 대출금리를 조사해보니 은행은 4.9%이지만 카드론 15.5%, 캐피털 21.6%, 저축은행 25.9%, 대부업 34.7%로 중간 지대가 없다고 설명했다. 차별화한 서비스 모델로 연 10% 안팎의 금리로 돈을 빌려주면 분명 승산이 있는 것은 사실이다. 시장에 뛰어들 명분도 충분하다.

하지만 관건은 얼마나 정교하게 리스크를 분석할 수 있느냐다. 개개인별 맞춤형 신용 평가를 할 만한 능력이 있는지로 관심은 집중된다. 컨소시엄 참여사들은 "빅데이터로 소비자 데이터를 분석하면 이 과정을 정교하게 끝낼 수 있다"고 주장하고 있지만 한국보다 20년 먼저 인터넷전문은행에 뛰어들었던 미국 전문가의 판단은 "생각보다 이 작업이 쉽지 않을 것"이라는 얘기다.

한국에서 실패로 돌아간 '다이렉트 뱅킹'을 반면교사(反面敎師)로 삼아야 한다는 지적도 나온다. 외국계 은행인 HSBC는 2007년 2월 'HSBC 다이렉트'를 출시해 한국 시장을 공략하겠다는 야심을 내비쳤다. 하지만 시장 점유율 확대에 실패해 1년여 만에 마케팅을 중단했다. 2013년에는 HSBC 소매금융 사업이 아예 한국에서 철수했다.

HSBC 다이렉트는 한국에서는 최초로 지점 없이 인터넷상으로 계좌를 트고 온라인이나 전화로 거래하는 시스템이었다. 인터넷으로 계좌를 신청하면 은행 직원이 직접 방문해 계좌를 개설했다. 지점 유지 비용을 줄인 대신 높은 이자를 지급했다. 하지만 소비자의 반응은 기대를 크게 밑돌았다. 단순히 금리 몇 푼을 더 주는 식의 비즈니스 모델로는 까다로운 한국의 소비자 입맛을 사로잡지 못한 것이다. 산업은행도 예금 금리를 경쟁 은행 대비 더 주는 다이렉트 상품을 출시했지만 2013년 감사원으로부터 역마진 지적을 받은 후 예금 금리를 대폭 떨어뜨렸다. 그러자 잔고가 눈에 띄게 줄더니 결국 사업을 중단하는 데까지 이르렀다. 이 두 사례는 인터넷전문은행이 가격 경쟁력만으로 승부하기는 힘들다는 것을 여실히 보여준다.

한국 인터넷전문은행이 생존하기 위해서는 기존 은행과 확실히 차별화될 수 있는 '한 방'이 있어야 한다. 특히 이 과정에서 재미 요소를 대폭 가미해야 할 것으로 보인다. 인터넷 금융 특유의 말랑말랑한 서비스를 충분히 반영해야 한다는 것이다. 소비자의 눈길을 사로잡을 수 있는 흥미 요소가 필수다.

그래야 기존 은행 시스템이 거미줄처럼 깔려 있는 한국 시장에서 뿌리를 깊게 내릴 수 있다. 미국과 일본에서는 인터넷전문은행이 탄생해 수익을 내기까지 길게는 7~8년 이상이 걸린 곳도 있다. 이번에 출사표를 낸 업체들은 3~4년을 내다보고 있다. 삼수 끝에 탄생한 인터넷전문은행이 설립 초기에 재무적 어려움을 겪는다면 이제 막 자리 잡기 시작한 한국 핀테크 생태계가 크게 흔들릴 수 있다. 핀테크 후발 주자인 한국은 시행착오를 겪을 시간이 없다. 차별화된 비즈니스 모델을 발굴하는 데 총력을 기울여야 한다는 지적이 나오는 이유다.

② 1인자 미국의 현황

인터넷전문은행이 세계에서 가장 먼저 설립된 국가는 미국이다. 1995년 세계 최초로 SFNB(Security First Network Bank)가 설립되면서 인터넷전문은행의 서막을 열었다. IT 회사인 시큐리티퍼스트네트워크(Security First Network)가 7월 파이낸셜페더럴세이빙뱅크(Financial Federal Saving Bank)를 인수해 인터넷전문은행으로 개조한 것이다.

1995년을 기점으로 인터넷전문은행 수는 가파르게 늘어났다. 피크를 친 2001년 즈음에는 40여 개 업체가 난립한 것으로 전해진다. 2000년 전후로 불어닥친 미국의 닷컴 붐이 불씨를 지핀 것이다. 하지만 비즈니스 모델이 소비자 친화적이지 않은 곳은 설립 초기부터 어려움을 겪었고, 특히 2008년 서브프라임 사태를 전후로 혹독한 구조 조정 기간을 거쳤다. 1995년에서 2014년까지 부도가 나거나, 다른 곳에 팔려가거나, 자진해 간판을 내린 업체만 14곳에 달한다. 세계 최초 인터넷전문은행

미국 5대 인터넷전문은행　　　　　　　　　　　　　(단위 : 억 달러)

은행	업무 개시 연도	총자산	당기순이익	설립 주체
찰스슈워브뱅크	2003년	1,037	9.0	증권사
앨리뱅크	2004년	1,015	11.3	제조업 계열 금융회사
디스커버뱅크	2000년	774	24.7	카드사
이트레이드뱅크	1996년	445	4.5	증권사
아메리칸익스프레스뱅크	2000년	401	20.9	카드사

SFNB도 1998년 자진 폐업했을 정도다. 2015년 6월에는 웨스턴알리안스뱅크(Western Alliance Bank)라는 곳이 어려움에 처한 인터넷전문은행 브리지뱅크오브실리콘밸리(Bridge Bank of Silicon Valley)를 인수해 화제를 모으기도 했다.

2015년 기준 20여 업체가 경쟁을 벌이는 것으로 분석됐다. 공식 통계가 발표되지 않아 정확한 숫자는 알 수 없다고 한다. 기존 은행이 사업부 형태로 인터넷전문은행 비즈니스를 일부 하는 경우도 있는데 이는 빼고 집계한 수치다.

예를 들어 미국 10대 은행 중 하나로 꼽히는 캐피털원(Capital One)은 '캐피털원 360'라는 다이렉트 뱅크를 운영하고 있지만 이를 인터넷전문은행이라고 부르기에는 다소 무리가 있기 때문이다.

미국 시장에서 인터넷전문은행의 파워는 무시할 수 없는 수준이다. 우리금융경영연구소 분석에 따르면 2014년 9월 기준 미국 인터넷전문은행은 미국 은행 총자산의 약 3.9%를 갖고 있다. 총예금은 4.3%, 당기순이익은 6.9%에 달한다. 2001년 기준 미국 인터넷전문은행의 총자산이 전체 0.11%에 불과했던 것을 보면 단기간 어려움을 겪었지만 급성장을 이룬 것이다.

특히 다양한 배경을 가진

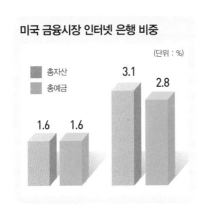

미국 금융시장 인터넷 은행 비중

(단위 : %)

■ 총자산
■ 총예금

1.6 1.6   3.1 2.8

업체들이 인터넷전문은행 시장에 뛰어들어 다양성을 확보하고 있는 점이 눈에 띈다. 1위 업체인 찰스슈워브뱅크(Charles Schwab Bank)를 비롯해 이트레이드뱅크(E*Trade Bank)는 증권사 주도로 설립된 특징이 있다. 아메리칸익스프레스뱅크(American Express Bank)와 디스커버뱅크(Discover Bank)는 카드사가 설립한 은행이다. 보험회사가 설립한 'ING다이렉트3'라는 업체도 흥미롭다.

가장 주목을 끄는 부분은 산업자본이 설립한 앨리뱅크(Ally Bank)와 BMW뱅크(BMW Bank)다. 앨리뱅크는 미국 자동차의 상징인 제너럴모터스(GM)의 자회사 앨리파이낸셜이 2004년 세운 인터넷전문은행이다. 2014년 기준 인터넷전문은행 가운데 자산 순위 2위를 달리고 있으니 꽤 성공한 것으로 볼 수 있다. 미국 전체 은행으로 비교의 폭을 넓혀도 예금 기준 30위 안에 드는 큰 은행이다. 고객 숫자만 80만 명에 달하고 1,000억 달러(약 110조 원)가 넘는 자산을 갖고 있다.

자동차 딜러를 대상으로 기업 대출을 하거나 오토론을 팔아 내는 이자 수입에서 쏠쏠한 성적을 거둔다. 예금, 적금, 은퇴연금을 비롯한 소매 금융 분야에서도 강자 취급을 받는다.

미국은 산업자본이 은행 지분을 25%까지 보유할 수 있도록 허용한다. 산업자본이 은행의 대주주가 될 수 있게 하는 ILC(Industrial Loan Company·산업 대부 회사) 제도가 있는데 이를 통해 BMW뱅크, GE 캐피털뱅크 등 다수의 기업이 인터넷전문은행을 세웠다. 산업자본이 유연하게 금융으로 침투할 수 있는 길을 열어놓은 것이다. 인터넷전문은행의 생존 법칙이 남들과 다른 서비스를 제공할 수 있느냐에 달린 만큼 다양한 배경을 가진 모기업이 은행과 시너지 효과를 낼 수 있도록 제도적으로 보장한 것으로 볼 수 있다.

반면 한국은 2015년 말 기준 산업자본은 의결권이 있는 은행 지분을 최대 4%까지만 가질 수 있다. 금융 당국이 제시한 은행법 개정 방안은 인터넷전문은행 참여 기업의 지분 보유 비율을 4%에서 50%로 조정하는 은산 분리 규제 완화가 포함돼 있다. 다만 국회에서 통과 절차를 거쳐야 해 논의 과정에서 원안이 통과될 수 있을지는 의문이다. 공정거래법상 상호출자제한기업집단(대기업)은 규제 완화 대상에서 제외되는 문제도 있다. 61개에 달하는 상호 출자 제한 대기업은 은산 분리 규제 완화의 혜택을 받을 수 없는 것이다.

한국의 대기업인 삼성이나 현대차, SK가 은행을 소유하면 은행을 사금고로 악용할 수 있다는 일각의 지적 때문이다. 하지만 반대 시각에서는 다른 규제로 얼마든지 대기업 소속 은행을 관리·감독할 수 있는데 지나친 우려로 금융업의 발전을 막아서는 안 된다고 주장한다.

다소 독특한 미국 인터넷전문은행 중 하나로 샐리메이뱅크(Sallie Mae Bank)를 들 수 있다. 2005년 세워진 학자금 대출 전문 인터넷 은행인데 2014년 기준 인터넷 은행 서열 12위에 오를 만큼 영향력 있는 곳이다.

이 은행은 1972년 정부 주도로 설립된 학자금 대출 전담 기업인 샐리메이가 모체다. 미국 전역의 학생과 가족을 상대로 학자금 대출을 비롯한 교육 관련 금융 서비스를 주로 제공한다. 교육 관련 상품에 대해서는 경쟁사 대비 상품 경쟁력이 높은 데다 최적화된 상환 계획도 제시하고 있어 확실한 수요층을 확보하고 있다는 평가를 받았다. 2014년 기준 총 자산이 128억 달러(약 14조 800억 원)에 달하고 영업이익도 2억 달러(약 2,200억 원)가 넘는다. 공익적인 금융 서비스를 제공하면서도 남들보다 잘할 수 있는 '한 방'만 있으면 피도 눈물도 없는 비열한 금융시장에서 생 존할 수 있다는 것을 보여주는 흥미로운 사례다.

찰스슈워브를 가다

2015년 여름에 방문한 미국 인터넷전문은행 찰스슈워브뱅크의 샌프 란시스코 본점은 이른 아침부터 적잖은 손님이 몰려 북적거렸다. 시내 중심가 유니언 스퀘어에서 걸어서 5분 거리인 이곳은 지상 4층 높이의 건물로 지점과 본점을 겸하는 곳이다.

찰스슈워브뱅크는 2014년 6월 기준 총자산이 1,037억 달러(약 113 조 원)에 달해 외환은행의 총자산(114조 원)과 맞먹는다. 한 해 10억 달 러(약 1조 1,000억 원) 안팎의 당기순이익을 올려 2014년 외환은행 실적 (3,651억 원)의 세 배에 달하는 이익을 낸다. 설립된 지 10여 년 만에 인 터넷전문은행으로 안정적으로 돈을 벌 수 있다는 것을 수치로 드러낸 셈 이다.

이 회사의 성공 비결로는 최소한의 점포로 소비자에게 최대의 효과 를 내는 것이 꼽힌다. 당초 무점포 은행을 표방했다가 캘리포니아주에 거점별로 11곳의 지점을 세우는 것으로 전략을 선회했다. 샌프란시스코

본사에서 만난 폴 셰리든 찰스슈워브뱅크 고객 서비스 담당자는 "지점을 세우는 데 들어가는 인건비와 임차료를 절약해 소비자에게 더 많은 혜택을 줄 수 있다. 현금 거래를 최소화하고 대다수 거래를 디지털화한 것이 우리의 성공 비결"이라고 말했다.

찰스슈워브뱅크에서 거래를 트면 전 세계 제휴 ATM에서 수수료를 면제받는다. 퀴큰론스(Quicken Loans)라는 온라인 대출 업체와 제휴해 싼 금리로 모기지 상품도 판다. 예금과 적금 금리도 타행 대비 소폭 높은 편이다. 모르는 것이 있으면 홈페이지에 들어가 직원과 실시간으로 채팅할 수도 있다.

찰스슈워브뱅크는 2003년 모기업인 증권사 찰스슈워브의 자회사 형태로 출범한 미국 선두 인터넷 은행이다. 찰스슈워브증권은 미국에서 선

도적으로 인터넷 주식 거래를 시작한 것으로 유명하다. 한국으로 치면 키움증권이 세를 불려 인터넷전문은행을 만든 셈이다.

여기에 차별화 포인트가 있다. 찰스슈워브증권과 제휴해 실시간 자산 관리 서비스를 제공하는 것이다. 빅데이터 기반의 '슈워브 인텔리전트 포트폴리오(Schwab Intelligent Portfolios)' 시스템이 소비자의 성향을 분석해 모바일로 실시간 자산 배분에 대한 최적치를 내놓는다. 수수료도 상담료도 없다.

지점에서 만난 제이슨 톰슨 씨는 "은행이 자동으로 자산을 관리해주니 편하다. 주 거래 은행인 웰스파고와 별도로 찰스슈워브뱅크를 애용한다"고 말했다. 치열한 은행 전쟁에서 살아남을 수 있는 확실한 '한 방'

을 갖췄다는 얘기다. 미국은 2000년대 초반 쏟아진 30여 개의 인터넷전문은행이 출혈경쟁 끝에 10여 개로 정리되는 성장통을 겪었다. 그 결과 2014년 기준 미국 전체 은행 당기순이익의 약 5%를 인터넷전문은행이 차지할 만큼 자리를 잡았다.

시장 규모가 큰 미국과는 달리 한국은 인터넷 은행을 도입한 후 초기에 도산하는 사례가 나오면 시장 전체에 큰 충격을 줄 수 있다. 인터넷 은행별로 남이 따라할 수 없는 틈새시장을 공략해 어떤 상황에서도 생존할 수 있는 '강한 맷집'이 필요하다는 시사점을 준다.

3 알리바바, 중국을 이끈다

2013년 6월 13일은 중국 핀테크 산업을 태동하게 한 날로 기억된다. 알리바바가 이날 결제 플랫폼인 알리페이를 통해 재테크할 수 있는 온라인 MMF 위어바오를 출시한 날이다. 재테크 개념이 희박했던 중국 금융시장을 상대로 간편하게 투자할 수 있는 위어바오는 엄청난 인기를 끌었다.

2013년 6월 말 펀드 가입자 수만 4,000만 명을 넘겼다. 출시한 지 1개월 만에 6,000억 위안 가까운 수탁액을 모으면서 한화 기준으로 100조 원이 넘는 돈을 굴리는 펀드로 우뚝 섰다. 단숨에 중국 1위, 세계 4위의 통화 펀드로 성장해 세계를 놀라게 했다.

1인당 평균 투자 금액은 50만 원 안팎으로 소액 투자자들이 대다수였지만 막대한 가입자를 기반으로 고속 성장의 신화를 이룬 것이다.

위어바오의 엄청난 인기는 중국 자본시장에 태풍 같은 변화를 일으켰다. 금리가 뭔지, 재테크가 뭔지 관심도 없었던 투자자에게 금융 지식을 심어주는 노릇을 했다. 편안하게 안주했던 중국 은행에는 금리 자율화를 유도하는 계기가 됐다.

위어바오의 인기는 중국 IT 업체들이 재테크 시장에 경쟁적으로 뛰어들게 만들었다. 중국의 IT 공룡 텐센트는 전자 지급 플랫폼인 텐페이를 2013년 선보인 데 이어 곧바로 위어바오를 모방한 금융 상품인 리차이통(理財通)을 내놓았다. '중국의 구글' 바이두 역시 2013년 바이파 펀드를 출시한 지 하루 만에 10억 위안을 모으는 쾌거를 일구었다. 중국의 3대 인터넷 업체인 중국의 박쥐 'BAT(바이두·알리바바·텐센트)'가 금융 시장까지 호령하는 것이다.

중국 금융시장에 뛰어든 IT 업체는 BAT만이 전부가 아니다. '대륙의 실수'로 불리며 스마트폰을 비롯해 소형 가전 시장 평정에 나선 IT 업체 샤오미까지 격전에 가세한 상태다. 2015년 5월 샤오미는 중국 이펀드자 산운용사와 함께 MMF 훠치바오(活期寶)를 출시했다. 샤오미가 내놓은 자체 스마트폰 OS인 미유아이(MIUI)를 통해 샤오미의 금융 앱을 내려받을 수 있는데 계좌에 남은 금액을 훠치바오로 이전해 시중 금리 대비 높은 수익을 내는 방식이다. 홍펑(洪鋒) 샤오미 부사장은 "샤오미 금융은 소매금융 업무, 특히 대출과 재테크 서비스 제공에 중점을 두겠다. 리스크 관리 시스템으로 많은 투자를 이끌겠다"고 소개했다.

중국은 인터넷전문은행 분야에서도 속도를 내고 있다. 한국과 중국 모두 미국, 일본, 유럽 대비 인터넷 은행 설립 준비가 늦었지만 중국은 후발 주자인 한국을 뛰어넘어 훨씬 빠르게 달리고 있다.

중국은 2015년 1월 모바일 메신저 업체 텐센트가 중국 내 첫 번째 인터넷전문은행인 위뱅크를 세웠다. 이어 6월에 알리바바도 인터넷전문은행인 마이뱅크(MYBank)를 설립했다. 2015년 6월 기준으로 중국이 허가를 내준 인터넷 은행 설립 건수만 6건에 달한다.

특히 1호 인터넷 은행 설립 당시에는 리커창 중국 국무원 총리가 참석해 눈길을 끌었다. 그는 광둥성 선전 첸하이 경제특구에서 열린 위뱅크

개소식에 참석해 첫 대출 승인 버튼을 누른 후 인류 역사상 달에 처음으로 발을 내디딘 닐 암스트롱의 말을 빗대어 "위뱅크는 작은 걸음이지만 이 작은 한 걸음이 중국 금융 개혁에는 커다란 한 걸음"이라고 말했다. 인터넷 은행에 대한 적극적인 지원을 약속한 것이다.

이 같은 방향은 중국 정부가 매년 발간하는 정부 업무 보고서에서도 읽을 수 있다. 2년 연속 인터넷 금융의 중요성에 대해 언급한 것이다. 2014년 리커창 총리는 정부 업무 보고를 통해 "인터넷 금융의 건전한 발전을 추진해야 한다"고 강조했다. 다음 해 보고에서는 인터넷 금융의 발전을 "새로운 금융 세력의 등장"이라고 평가하며 힘을 실어주겠다는 의지를 드러냈다.

실제 중국 핀테크가 급성장한 데는 정부의 강력한 의지가 작용했다는 평가가 나온다. 알리바바와 텐센트를 중심으로 기존 금융 질서를 흔드는 새로운 판도가 형성될 움직임이 보이자 중국 기존 대형 은행들은 정부를 상대로 적잖은 민원을 제기했다고 한다.

중국공상은행과 건설은행 등 4대 대형 국영 은행이 "금융 분야에서 검증되지 않은 핀테크 업체들이 재테크 시장을 비롯한 여러 분야에 새롭게 뛰어들면 추후 부실 가능성이 있는 등 여러 문제점이 나올 수 있다"며 불만의 목소리를 제기한 것이다. 이들 국영 은행은 사실상의 독과점 구조 속에서 '땅 짚고 헤엄치기 식'으로 장사를 해왔는데 진입 장벽이 높아 경쟁 상대가 없었던 시장 환경이 핀테크가 부상하면서 급변할 조짐이 보이자 밥그릇 챙기기에 나선 것이다. 실제 몇몇 은행은 알리바바의 위어바오를 비롯한 몇 개의 핀테크 서비스를 직접적으로 견제할 뜻을 내비치기도 했다.

국가가 소유한 대형 은행과 정부 차원에서 미는 핀테크 서비스 중에 중국 정부가 누구 손을 들어줄지가 시장의 최대 화두였다. 이때 정부 차원의 액션으로 나온 것이 리커창 총리가 위뱅크 개소식에 참석한 이벤트였다. 알리바바, 텐센트를 비롯한 IT 업체가 주도하는 핀테크 산업을 통해 낡고 진부한 기존 금융 질서에 경쟁의식을 불어넣어 확실하게 개혁하겠다는 뜻을 나타낸 것으로 평가된다.

중국에서 혁신적인 핀테크 서비스가 쏟아진 것도 사전에 규제하지 않고 창의적인 아이디어가 바로 서비스로 출시될 수 있도록 만드는 유연한 규제 정책에 있다는 목소리가 높다. 문제가 생기면 그때 규제하는 것을 기본 원칙으로 삼고, 기존 법률이나 제도 아래서 회색 지대에 놓여 있었던 핀테크 서비스에 대해 미리부터 칼날을 들이대지 않았다는 것이다. 그 덕분에 중국 핀테크 업체들은 규제를 크게 두려워하지 않고 소비자를 상대로 일단 판을 벌일 수 있었다.

따지고 보면 위어바오를 비롯한 중국 핀테크 서비스는 중국에서 처음 시작된 것이 아니다. 위어바오와 연계된 알리페이는 미국의 페이팔을 그대로 모방한 것이다. 중국에서 쏟아지고 있는 P2P 대출 서비스의 시조는 미국의 렌딩클럽이나 조파(Zopa)라고 할 수 있다.

미국은 세계에서 가장 발달한 금융 체계와 고도의 IT로 미리부터 핀테크의 싹을 틔웠다. 하지만 미국의 P2P 대출 업체가 100개를 밑도는

데 반해 중국에서 나온 P2P 대출 플랫폼은 수천 개에 이르렀다. 이것이 중국이 미국보다 금융과 IT가 더 발달했기 때문이라고 분석할 수는 없다. '수입품'인 핀테크를 중국 시장에 맞게 변환해 틈새시장을 공략하는 서비스를 출시할 때까지 사실상 규제를 거의 받지 않았다는 것을 의미한다. 물론 이 중에는 서민의 호주머니를 노리는 사기꾼에 가까운 업체도 있었을 것이다. 하지만 대승적 차원에서 사전 규제로 묶어두지 않은 덕에 우후죽순으로 참신한 서비스가 쏟아질 수 있었다는 분석이다.

중국 금융 전문가인 황타오 상하이교통대학교 교수가 이와 관련해 밝히는 견해도 흥미롭다. 그는 "중국은 금융 자유화 기조와 인터넷 금융 열풍이 같은 시기에 만난 세계 유일한 국가"라고 분석했다.

그전까지 중국 금융은 정부 입김에 절대적으로 좌우되는 국유 산업의 영역이었다. 사회주의국가 특성상 중국에서 금융 산업을 하려면 중국 정부의 허락이 절대적으로 필요했다. 하지만 산업이 고도화하고 경제성장이 가속화하면서 금융의 효율성을 떨어뜨리는 병폐를 해소해야 한다는 지적이 나오기 시작했다. 금융 자유화 기조를 검토해야 할 시기가 온 것이다.

이때 마침 전 세계적으로 핀테크 열풍이 불었다. 알리바바와 텐센트, 바이두, 샤오미를 비롯한 중국 IT 업체들은 IT의 관점으로 금융을 봤다. 어느 업체도 금융 산업에 뛰어들기 위해 정부로부터 별도의 허가증을 받지 않았다.

하지만 이들 업체가 핀테크로 내놓은 서비스의 '본질'은 금융이다. 핀테크로 허가 없이 파괴적인 금융 서비스를 내놓을 수 있는 '빈 공간'이 열린 것이다. 게다가 IT와 결합한 덕에 핀테크 업체의 상품 경쟁력이 기존 대형 은행에 비해 놀랄 정도로 높았다. 쉽게 비유하자면 석기시대에서 청동기시대를 건너뛰고 곧바로 철기시대로 진입한 것이다. 척박한 금융 환경이 오히려 핀테크 서비스가 조기에 자리 잡을 수 있는 지렛대 구실을 한 것이다. 황타오 교수는 "위어바오는 미국 페이팔을 모델로, 중국 P2P 대출 서비스는 미국 렌딩클럽이나 조파를 모방해 만들었지만 중국의 핀테크 열풍은 오히려 미국을 뛰어넘었다"고 분석했다.

마윈, 한국 시장을 노린다

알리바바의 알리페이는 한국에도 상당한 수의 가맹점을 보유하고 있다. 2015년 말 기준으로 약 2만 6,000개의 가맹점이 깔려 있다.

서울 명동에 가면 알리페이로 물건을 사는 중국인 관광객을 쉽게 찾을 수 있다. 명동 지하철역 출구를 나서면 좌우 벽면이 알리페이 광고로 장식돼 있다.

국내 금융회사들도 알리페이와 제휴하는 데 한창 열을 올리고 있다. KEB하나은행과 우리은행은 2015년 중반 잇달아 알리페이와 결제 정산 대행 서비스에 대한 제휴를 맺었다. 중국인 관광객이 알리페이로 결제하면 위안화를 원화로 환전하는 과정이 필요하다. 여기서 발생하는 환전 수수료를 먹는 대가로 알리페이 결제에 필요한 제반 절차를 서비스해주는 식이다. 한국문화관광연구원에 따르면 한국 나들이에 나선 중국인 관광객은 2010년 187만 5,157명에서 2014년 612만 6,865명으로 대폭 늘어났다. 이들의 상당수가 알리페이로 물건을 사기 때문에 여기서 나오는 수익이 엄청나다는 판단을 내린 것이다. 알리페이의 여파로 명동 일대 환전상 숫자가 줄어들었다는 분석이 나올 정도다.

이렇게 한국에도 막강한 영향력을 미치는 알리페이이지만 국내 소비자들이 체감하는 정도는 실제에 비해 다소 과소평가된 것이 사실이다. 알리페이가 철저히 중국인 관광객을 상대로만 장사를 하고 있기 때문이다. 중국에 자주 드나드는 소수의 중국 전문가를 빼고는 실생활에서 알리페이를 쓸 일이 없으니 전 세계적으로 화제를 몰고 오는 알리페이의 영향력이 실생활에서 좀처럼 느껴지지 않는 것이다.

하지만 앞으로는 상황이 달라질 수 있다는 분석이 나온다. 2015년 5월 방한한 마윈(馬雲) 알리바바 회장이 한국에서 '코리안페이'를 출시할 계획을 밝힌 것이다. 2015년 5월 19일 용산구 소재 그랜드하얏트 서울 호텔에서 기자간담회를 연 마 회장은 "한국에서 협력 파트너를 찾아 한국인에게 특화한 코리안페이를 만들겠다"며 한국 핀테크 시장 진출을 공식 선언했다.

그는 "금융 분야가 인터넷을 통해 빠르게 변화하고 있어 10년 안에 데이터 기술을 기반으로 금융시장은 크게 요동칠 것이다. 한국 문화를 이해하고 운영할 수 있는 파트너와 함께 코리안페이를 만들어 한국 기업의 혁신과 중소기업 발전에 도움을 줄 것"이라고 말했다.

마 회장은 알리바바를 데이터 기업의 상징으로 육성하고 싶어한다. 그는 "인류에게 IT 시대는 가고 DT(Data Technology) 시대가 온다"고 입버릇처럼 말한다. 그는 "알리바바야말로 빅데이터의 수혜자다. 우리는 5년 전부터 빅데이터와 클라우드에 주력했고 막대한 투자를 했기 때문에 인터넷 금융을 할 수 있었다. 데이터가 뒷받침되지 않았다면 인터넷 금융은 상상할 수 없을 것"이라고 설명했다.

또 마 회장은 "미래는 인재와 혁신 가치 능력의 경쟁이다. 갖고 있는 데이터로 사회에 얼마만큼의 가치를 창출해내느냐가 중요하다. 데이터로 돈을 버는 일이야말로 미래의 핵심 가치"라고 강조했다. 비용 절감에 의지한 사업 방식은 앞으로 잘될 수도, 크게 성장할 수도 없다고 마 회장은 예측했다. 오프라인에서 수집한 데이터를 거르고 분석해 사회 전체를 통찰할 수 있는 빅 비즈니스를 발굴할 수 있다는 얘기다. 이미 알리바바는 중국의 산시성과 MOU를 체결하고 DT도시라는 개념까지 만들어놓은 상태다.

데이터에 기반한 인공지능을 도시 서비스의 핵심으로 활용해 도시 서비스의 온라인화, 플랫폼화, 스마트화를 실현하겠다는 것을 말한다. 알리바바가 가진 빅데이터와 클라우드 핵심 기술로 산시성의 공공서비스 분야를 디지털 기반으로 완전히 갈아엎겠다는 얘기다.

이렇게 볼 때 알리바바의 알리페이는 단순한 간편결제 서비스 이상의 의미를 가진다. 알리바바는 알리페이 이용자들이 거래한 흔적을 모아 이를 기반으로 더 큰 규모의 비즈니스에 활용하겠다는 것이다. 결제 데이터는 데이터 중 가장 활용 가능성이 높은 축에 속하는 고급 데이터다. 사용자가 돈을 쓴 흔적인 만큼 개인의 취향, 경제력, 생활 습관, 거주 반경 등의 핵심 데이터를 두루 확보할 수 있다. 이를 기반으로 새로 펼칠 수 있는 사업이 무궁무진하다는 뜻이다.

알리바바가 한국에 코리안페이를 출시하겠다고 밝힌 것도 이 같은 측면에서 바라봐야 한다. 마윈 회장은 기자간담회 당시 "알리바바가 11년 간 축적한 빅데이터, 클라우드 금융 정보 기술을 한국 기업과 공유하려는 것"이라고 코리안페이 출시 배경을 설명했다.

쉽게 설명해 알리바바의 분석 노하우로 한국 소비자의 입맛을 한눈에 꿰뚫어보겠다는 야심을 드러낸 것이다.

마 회장이 코리안페이를 언급한 직후 업체별로 "마 회장의 진의가 어디에 있느냐"는 설왕설래가 가득했다. 여러 추측이 겹치며 모바일 결제 시장은 일대 혼돈 속으로 빠져드는 움직임을 보였다. 자금력과 기술력, 중국 서비스 노하우까지 갖춘 '한국판 알리페이'가 한국에 본격 상륙하면 한국 결제 시장을 단기간에 장악할 수 있다는 분석 때문이었다.

규제로 인해 발전이 더뎠던 한국 핀테크 시장에 '알리페이발 대공습'이 벌어질 것이라는 우려도 나왔다. 한국판 알리페이가 한국에 상륙하면 단기간에 시장 표준으로 자리 잡을 가능성이 높다는 우려였다. 아직까지 사업 모델이 구체적으로 나오지 않아 예상하기는 이르지만 채 막이 열리지 않은 한국 핀테크 시장을 빠르게 잠식할 수 있다는 얘기다.

알리바바는 온라인 쇼핑 분야에 엄청난 인프라스트럭처를 갖고 있다. 이미 알리바바의 쇼핑몰인 알리익스프레스나 타오바오는 한국어 서비스를 제공하지 않는데도 한국 직구족의 애용 사이트가 된 지 오래다.

신한카드가 조사한 바에 따르면 2014년 블랙프라이데이 기간에 해외 쇼핑몰 결제 건수를 집계한 결과 알리익스프레스와 타오바오가 사상 처음으로 나란히 톱 10에 진입했다. 알리익스프레스가 4위, 타오바오가 9위를 차지했다.

블랙프라이데이 행사는 미국에서 시작됐지만 이 기간에 중국 쇼핑몰이 큰 폭의 할인과 배송료 무료 혜택을 내걸고 맞불 작전을 펼치면서 한국 소비자의 입맛까지 사로잡은 것이다. 코리안페이로 알리바바 쇼핑몰에서 결제하면 물건 값을 깎아주는 식으로 시장의 룰을 만들면 단기간에 한국 온라인 간편결제 시장에서 점유율을 높일 수 있다는 분석이 나온다.

코리안페이는 오프라인 시장에서도 빠르게 영향력을 발휘할 수 있다. 서울 명동을 비롯해 중국인 관광객이 몰린 지역에서는 이미 알리페이를 자유롭게 쓸 수 있는 기반이 확보돼 있다. 알리페이를 한국 특성에 맞게 변화시켜 막대한 자본력으로 가맹점을 확보하면 알리페이가 한국 간편결제의 표준이 되는 시나리오가 현실이 될 수 있다. 삼성페이가 사용하기 편한 범용성을 바탕으로 빠르게 가입자를 늘려가고 있지만 아직까지는 삼성페이를 지원하는 단말기가 몇 개 안 된다는 한계가 있다. 신용카드 정보를 스마트폰에 옮겨 터치식으로 결제하는 형태이기 때문에 삼성페이 단독으로 할인 혜택을 주거나 할 여력도 없다.

막대한 자본력을 가진 알리바바가 한국 파트너와 손잡고 할인 혜택을 무기로 가맹점 네트워크를 빠른 시간 안에 확보하면 단숨에 오프라인 간편결제의 강자가 될 가능성이 있는 것이다.

결국 한국 업체들의 관심은 누가 알리바바와 손잡을 수 있느냐로 집중되는 분위기다. 카카오나 네이버를 비롯한 IT 업체는 물론 삼성전자, LG전자 등 전자 업계 신용카드사와 유통 업체까지 잇달아 알리바바에 구애의 손길을 내밀 것으로 보인다. 한 금융 업체가 알리바바와 손잡기 위해 물밑에서 딜을 하고 있다는 소문도 들린다.

마윈 회장이 코리안페이를 출시하겠다는 의사를 밝힌 것은 알리페이의 글로벌 진출 전략을 펼치기 위해 한국을 테스트베드로 활용할 수 있기 때문이라는 분석도 나온다. IT 강국인 한국에서 알리페이를 세계화하기 위한 다양한 실험을 해본 뒤에 글로벌 여러 국가로 맞춤형 진출 전략을 짜면 효율적일 것이라는 분석이다. 아직 구체적 사업 모델이 나오지 않았음에도 마 회장이 언급한 것만으로 한국 결제 시장 전체가 순간 요동친 것은 그만큼 알리바바의 입김이 강력하다는 것을 의미한다. 그리고 그 입김은 여러 결제 데이터를 처리하고 주무르고, 여기서 새로운 사업 모델을 찾아 비즈니스에 반영한 알리바바의 노하우에서 나오는 것이다.

4 일본은 합종연횡 중

일본에서는 2000년 9월 사쿠라은행과 스미토모은행, 일본생명보험 등이 협력해 세운 재팬네트뱅크가 출범한 이후 합종연횡을 거쳐 현재 인터넷 은행 여덟 곳이 시장에서 뛰고 있다. 참여 주체도 다양하다. 은행이 주도권을 쥐고 다른 업종과 협력해 만든 은행, 증권회사 등 은행이 주류가 아닌 금융회사가 세운 은행, 아예 금융업을 하지 않았던 기업이 세운 은행도 있다. 2010년 4월 다이와증권그룹 주도로 만든 다이와넥스트은행과 2001년 4월 유통 업체인 세븐일레븐이 주도해 세운 세븐뱅크가 대표적 사례다.

제조업체인 소니가 2001년 4월 설립한 소니은행도 주목할 만하다. 일본 2대 통신사인 KDDI가 지분 50%를 들고 있는 지분(Jibun)은행은 IT와 금융업이 만나 시너지 효과를 내는 좋은 사례다.

일본 인터넷전문은행이 장사를 시작한 지 10년이 훌쩍 넘었지만 아직 시장 규모가 전체 은행업에서 차지하는 비중은 그리 높지 않다. 2014년 기준 일본 전체 은행의 총자산 대비 비중은 약 2%, 전체 예금 중에서 차지하는 비중과 당기순이익 비중도 역시 2% 안팎이다.

하지만 절대 시장 규모는 꾸준히 늘고 있다. 우리금융경영연구소에 따르면 일본 인터넷전문은행의 총자산은 2010년 3월 6조 6,000억 엔가량이었지만 2014년 9월에는 15조 7,000억 엔으로 늘었다. 연평균 20% 넘게 상승했다. 일본 인터넷전문은행의 당기순이익은 회계연도 기준으

로 2010년 209억 엔에 불과
했지만 2013년 588억 엔으로
두 배 넘게 늘어났다. 틈새시
장 공략 전략을 펼친 덕에 은
행 시장에서 완전히 자리 잡았
다는 뜻이다.

일본 인터넷전문은행이 나
름의 성공 스토리를 쓸 수 있
었던 배경에는 업체별로 차별
화한 비즈니스 모델이 있다는
분석이 나왔다. 2011년 4월 후

일본 도쿄 하네다 공항에 설치된 세븐뱅크 ATM. 늦은
시간인데도 사람들이 활발하게 이용하고 있다.

발 주자로 인터넷전문은행 시장에 출사표를 던진 다이와넥스트은행이
대표 사례다. 이 은행은 설립된 지 2년 만에 예금 잔액 기준으로 업계 2
위로 뛰어올랐는데 경쟁사 대비 10년 늦게 사업에 진출한 단점을 모회사
인 증권회사와의 시너지로 극복했다. 이 회사의 특색 상품 중 하나가 '스
윙어카운트 서비스'다. 증권계좌 잔액이 미리 정해놓은 목표치를 넘으면
수익을 낸 만큼을 바로 현금화해 자동이체하는 서비스다. 증권계좌를 관
리하는 데 서툰 가입자를 상대로 선풍적인 인기를 끌었다.

SBI스미신넷은행도 증권과의 끈끈한 연계가 성장 동력이다. 이 회사
의 SBI증권은 일본에서 가장 규모가 큰 온라인 전문 증권사인데, 한국으
로 치면 키움증권 같은 존재다. 키움증권은 주식 거래 수수료를 경쟁사

대비 큰 폭으로 낮추는 핀테크 모델로 증권시장을 석권한 바 있다. SBI 증권이 비슷한 사업 모델로 일본 증권시장을 휩쓸었다.

SBI스미신넷은행이 2009년 출시한 '하이브리드 계좌'는 은행과 증권을 왔다 갔다 할 수 있는 게 특징인데 SBI증권에서 돈을 굴리다가 주식을 매도하면 시중 은행보다 금리를 좀 더 쳐주는 SBI스미신넷은행 계좌로 자동으로 전환되는 특징이 있다.

일본 세븐뱅크는 일본 전역의 세븐일레븐 편의점에 깔아놓은 ATM 2만여 대가 핵심 사업 모델이다. 집 앞 편의점에서 슬리퍼 차림으로 외국에 돈을 보내고 공과금을 낼 수 있는 '밀착 영업'으로 일본 대형 은행 대비 두 배가 넘는 자기자본이익률(ROE)을 기록하고 있다.

라쿠텐은행은 유통과 은행의 시너지로 주목을 끌고 있다. 원래 이 은행은 2000년 설립된 '이(e)뱅크'가 모체였다. 당시 온라인 시장에서 금융상품에 가입하면 경쟁사 대비 금리를 조금 더 주는 사업 모델이 주류였는데 크게 주목을 끌지 못해 도산 위기로까지 몰렸다.

2008년 9월 일본 유통 업체 라쿠텐이 이 은행을 사들여 100% 자회사로 인수했는데 그 이후 미운 오리가 백조로 변하는 스토리가 현실화했다. 일본 최대 온라인 쇼핑몰 '라쿠텐이치바'를 축으로 외국까지 아우르는 가입자 2억 명의 빅데이터가 시너지 효과를 내기 시작했다. 이메일 주소와 이름만 치면 송금이 끝나는 '이메일 머니(Mail Money)'를 비롯한 차별화한 서비스가 쏟아졌다. 인수한 지 1년 반 만인 2010년 3월 분기 흑자 전환에 성공했다.

일본 세븐뱅크 사례도 흥미롭다. 이 은행의 핵심 경쟁력은 세븐일레븐에 깔린 ATM이다. ATM을 은행 지점처럼 활용해 대다수 은행 업무를 볼 수 있게 한 것이다. 세븐뱅크는 미국 금융회사인 웨스턴유니언과 손잡은 덕에 세계 200여 개국에 돈을 보내고 ATM에서 예금도 할 수 있는 서비스로 꾸준히 수익을 내고 있다.

쓰즈우라 다카시 세븐뱅크 부장은 "인터넷전문은행이 모바일에 특화하지 않아도 얼마든지 돈을 벌고 성장할 수 있다. 남들이 하지 못하는 차별화한 서비스 딱 하나만 있으면 된다"고 설명했다.

모리후지 사토시 재팬네트뱅크 기획팀장은 "일본에는 10곳에 육박하는 인터넷전문은행 사업자가 있어 경쟁이 치열하다"고 말했다. 생존을 위해 차별화한 서비스가 있는 다수의 사업자를 끌어들여 선의의 경쟁을 벌이는 선순환 구도를 만들 수 있다는 얘기다.

일본 인터넷전문은행
관계자 인터뷰

모리후지 사토시
재팬네트뱅크 기획팀장

Q 일본에는 왜 2000년에
인터넷전문은행 열풍이 불었나요?

A 1990년대 일본 경제의 버블이 꺼진
후에 불량 채권이 쏟아졌어요. 당연
히 은행을 비롯한 금융회사 사정이 좋
지 않았지요. 그래서 기존 은행에 대
한 비판 목소리가 높았습니다. 은행이
제 할 일을 잘 못한다는 얘기였어요.
그때 마침 전 세계적으로 IT 열풍과 인
터넷 바람이 불었습니다. 그래서 정부
차원에서 시책을 내놓은 겁니다. 지점
을 없애 은행 비용을 줄이고, 예금 출
금 수수료를 줄여 대출금리도 낮출 수
있다는 거였어요.

일본 도쿄 소재 재팬네트뱅크 본사 전경.

Q 일단 신청을 하면 전부 인가를 내줬나요?

A 아닙니다. 일본 정부도 굉장히 엄격한 기준을 정했어요. 재팬네트뱅크가 우여곡절 끝에 처음으로 인터넷전문은행을 세웠죠. 처음에 여섯 곳이 생겼다가 이 뱅크는 어려워져서 라쿠텐그룹에 넘어가기도 하고, 우여곡절이 있었습니다.

Q 인터넷전문은행을 잘하려면 무엇이 중요한가요?

A 가장 중요한 것은 남들보다 얼마나 금리를 소비자에게 유리하게 책정할 수 있느냐입니다. 흔히들 파괴적인 비즈니스 모델을 얘기하지만 사실 쉽지 않거든요. 지점 설립 경비를 줄여 소비자에게 더 돌려주는 모델이기 때문이에요. 예금이나 대출을 비롯한 업무를 할 때 사용자 환경(UI)을 얼마나 편하게 만들지도 중요해요. 그리고 보안입니다. 돈을 빼돌리거나 하는 일이 일반 은행 대비 더 쉽게 일어날 수 있어 각별하게 신경 써야 합니다.

Q 회사가 설립되고 바로 흑자가 났나요?

A 아닙니다. 흑자를 내는 데 3년이 걸렸습니다. 하지만 스마트폰이 지금처럼 널리 보급됐다면 사정이 좀 달랐을 것 같아요. 지금 뛰어드는 업체라면 당장 흑자를 내는 것을 목표로 해야 한다고 생각합니다.

하토리 다카유키
SBI스미신넷은행 팀장

Q SBI증권과 은행의
시너지 효과가 잘 나타나고 있어요.

A 증권과 은행 계좌를 왔다 갔다 하는 '하이브리드 예금'이 핵심 비즈니스 모델입니다. 우리 처지에서는 증권사 고객을 은행으로 끌어들일 수 있는 중요한 매개체여서 시너지 효과가 큰 편이죠. 하이브리드 예금 자체가 다른 예금 대비 금리가 높기 때문에 증권 투자를 하지 않는 고객도 많이 모을 수 있습니다.

Q 경쟁사 대비 주택 대출이
강하다고 들었습니다.

A 이것도 결국 하이브리드 예금 금리가 높기 때문입니다. 이것으로 돈을 쉽게 조달할 수 있고, 또 지점 운영 등에 따르는 비용을 최소화할 수 있기 때문에 주택 대출금리를 다소 싸게 책정할 수 있어요. 일본의 내로라하는 대형 은행보다 우리 대출금리가 더 쌀 겁니다. 일본 전체 은행 가운데 톱 10 안에는 들어갈 거예요.

Q 개인 대출도 시작했다고 들었는데,
신용 평가는 어떻게 하나요?

A 우리가 직접 하지는 않고 이를 전문으로 하는 업체에 외주를 줍니다. 개인 신용 평가에 따라 대출 여부와 규모가 결정되는데 이것은 기존 은행과 크게 다르지 않습니다.

5 헬로뱅크가 선도하는 유럽의 현주소

유럽에서는 헬로뱅크를 중심으로 30여 개 인터넷전문은행이 성업 중이다. 2013년 프랑스 파리에서 시작한 헬로뱅크는 BNP파리바가 설립한 모바일 전용 은행이다. 프랑스와 벨기에, 이탈리아, 독일에서 서비스를 하고 있다.

2009년 설립된 독일의 피도르(Fidor)은행은 특히 SNS와 연계된 금융 서비스로 인기를 끌고 있다. 페이스북 커넥트(Connect)를 통해 계좌를 틀 수 있는데 페이스북 계정의 '좋아요' 클릭 수가 늘어날 때마다 예금금리가 조금씩 오르는 독특한 시스템으로 전 세계의 눈길을 끌고 있다

포르투갈의 최대 은행인 밀레니엄BCP는 액티보뱅크라는 디지털 은행을 설립했다. 젊은 고객층이 주요 타깃이다. 딱딱한 금융 서비스에 지친 수요자를 상대로 재미있고 흥미로운 서비스를 내놓는다. 앞선 사례에서 볼 수 있듯 유럽의 인터넷전문은행은 기존 금융회사가 비즈니스 확장 차원에서 자회사 형태로 하고 있는 곳이 많다.

로니 시델 헬로뱅크
이사 인터뷰

Q 어떻게 해서 헬로뱅크를
시작하게 됐나요?

A 스마트폰 시장이 급성장하고 정말 많은 사람
들이 SNS를 이용하고 있지요. 이제 모바일이
나 SNS로 금융 서비스를 이용하는 것은 낯
설지 않은 상황이 되었습니다. 모바일로 장
을 보고 비행기 티켓을 사는 것과 마찬가지
이지요. BNP파리바는 새로운 시장에 대응할
수 있는 수단이 필요했고, 그래서 헬로뱅크가
나온 것입니다.

로니 시델 헬로뱅크 이사가 프랑스
파리 소재 헬로뱅크 본사에서 태블릿
PC로 헬로뱅크 서비스에 대해 시범
을 보였다.

Q 헬로뱅크의 목표는
무엇인가요?

A 2017년까지 유럽에서 넘버원 모바일 뱅크가 되는 게 목표입니다. 2014년
말 기준 프랑스, 벨기에, 이탈리아, 독일 4개국에서 140만 고객을 보유하고
있습니다. 앞으로 룩셈부르크를 비롯한 다른 국가로도 사업을 확장할 것입
니다. 무엇보다 대화를 나누는 것처럼 친근한 금융 서비스를 제공하고 싶습
니다. 다양한 요구 사항도 만족시켜야 합니다. 채팅을 통해 직원과 의견을 주
고받고 고객의 입맛에 딱 맞는 금융 상품도 실시간으로 추천해야겠죠.

PART
04

시장의
미래를 진단한다

미국 온라인 미디어 콘텐츠 업체인 넷플릭스(Netflix)가 한국에서도 서비스를 시작하기로 했다. 넷플릭스는 전세계 50여 개 국가에서 무려 4,000만 명이 넘는 유료 가입자를 보유한 콘텐츠 공룡 업체다. 스트리밍(실시간 재생) 방식으로 TV는 물론 스마트폰, 태블릿PC를 비롯해 언제 어디서나 동영상을 볼 수 있게 해준다. 직접 드라마 제작에도 나섰으며 데이비드 핀처가 메가폰을 잡고 케빈 스페이시가 주인공으로 나선 〈하우스 오브 카드(House of Cards)〉 시리즈는 큰 인기를 끌고 있다.

원래 넷플릭스는 1997년 비디오와 DVD를 주로 빌려주던 렌털 업체였다. 2007년 인터넷 스트리밍 방식으로 사업을 확장했는데, 콘텐츠 공룡이 된 비결은 단연 '맞춤형 서비스'였다.

빅데이터 기반으로 가입자가 무슨 동영상을 좋아할지를 사전에 예측해 입맛에 맞는 10개 콘텐츠를 골라 소비자에게 먼저 제안하는 식이다. 사용자가 이전에 어떤 콘텐츠를 보거나 클릭했는지, 중간에 끄지는 않았는지, 어떤 평가를 내놨는지 등 방대한 데이터를 분석해 '나도 모르는 내 영화 취향'을 골라낼 수 있기 때문이다.

넷플릭스에 따르면 전체 이용자의 75%가 넷플릭스가 추천하는 영화를 본다고 한다. 2014년에만 매출 47억 4,000만 달러(약 5조 2,140억 원), 순이익 2억 6,680만 달러(약 2,934억 8,000만 원)를 기록했다. 2014년 북미 지역 인터넷 사용량의 무려 35%가 넷플릭스에서 발생했다고 한다. 구글 동영상 사이트인 유튜브의 두 배에 가까운 수치로, 북미 인터넷 트래픽의 3분의 1을 독점한 것이다. 소비자 개개인에 최적화한 '개인화 서비스'로 방송 권력을 넘어 소비자의 시간을 사로잡는 콘텐츠 제국을 일구고 있는 것이다.

넷플릭스의 성공 방정식을 금융업에 대입하면 개인화한 핀테크 서비스가 답이라는 결론이 나온다. 기존의 획일화된 서비스에서 벗어나 소비자의 수요를 한발 먼저 파악해 미리 준비한 맞춤형 서비스를 내놓아야 생존할 수 있다는 얘기다.

1 로봇 PB, 자산 관리를 부탁해

이미 일부 이런 시도가 진행되고 있다. 특히 부자 고객만 혜택을 누릴 수 있었던 PB 서비스의 문이 넓어지고 있다. 글로벌 금융회사인 씨티그룹이 2014년 2월 내놓은 자산 관리 앱 '인 뷰(In View)'가 대표적 사례다. 아이패드용으로 나온 이 앱은 사용자가 태블릿PC를 통해 전담 PB 직원과 실시간으로 대화를 나눌 수 있는 기능이 담겨 있다. 전담 직원이 원거리에서 상담자가 들고 있는 자산 포트폴리오를 점검하며 깊이 있는 조언을 해줄 수 있다.

모건스탠리도 2014년 4월 PB 전용 아이폰 앱을 출시했다. 계좌이체, 잔액 조회를 비롯한 기본 서비스는 물론 투자 포트폴리오 짜기, 종목 추천, 자산 배분 전략 등을 두루 경험할 수 있다.

이미 이 같은 트렌드는 금융 업계에서 피할 수 없는 도전이 되고 있다. 보스턴컨설팅그룹(BCG)은 2014년 고액 투자자의 40~60%가 전문 인력과 영상 채팅을 통해 투자 자문을 받기를 원한다는 조사 결과를 내놓았다. 하지만 조사 당시 이런 서비스를 제공하는 은행은 20% 미만에 그치는 것으로 나타났다. 컨설팅 기업인 캡제미나이(Capgemini)와 RBC 웰스매니지먼트는 2014년 40세 미만 부유층의 80%가 이메일이나 동영상, SNS 등 디지털 서비스 기능이 없는 금융회사를 등질 것이라는 설문 조사 결과를 내놓았다. 젊은 부자일수록 디지털 서비스에 민감하다는 조사 결과가 나온 것이다.

이보다 한발 더 진전된 서비스도 나오고 있다. 사람이 개입해 온라인으로 상담하는 수준을 넘어 넷플릭스처럼 빅데이터 등을 결합한 솔루션으로 소비자에게 혜택을 주는 방식이다.

컴퓨터 소프트웨어가 고객의 자산을 위탁받아 투자를 어떻게 해줄지 결정해주는 방식이다. 베터먼트(Betterment), 웰스프런트(Wealth-Front), 퍼스널캐피털(Personal Capital), 퓨처어드바이저(FutureAdvisor) 같은 업체가 대표적인데, 로봇이 자동으로 투자 자문에 응해준다고 해서 로보어드바이저라고 불린다. 이 중 웰스프런트는 고객 맞춤별 자산 배분과 투자 상품 선정 등의 서비스를 앞세워 1조 5,000억 원 이상의 운용 자산을 굴리고 있다

수천 달러 미만의 소액을 주로 관리해주는 게 특기다. 수수료는 매우 적거나 심지어 아예 받지 않는 곳도 있다. 많이 받아봤자 전체 투자 금액의 0.15~0.5% 수준이다. 투자 전문가에게 투자를 맡겼을 때 적어도 매년 1%씩 수수료를 떼이는 것에 비해 훨씬 저렴하다.

하지만 제공해주는 서비스는 기대 이상이다. 현 포트폴리오를 정밀 분석해 좀 더 높은 수익을 올릴 수 있는 곳으로 소프트웨어가 투자 전략을 진두지휘한다. 세금을 적게 떼는 방향으로 자산을 배분할 것을 권유하거나 때로는 나이와 직업, 소득을 고려해 현시점에 중요한 자산 관리의 큰 그림을 그려주기도 한다. 이 모든 과정에는 소프트웨어 알고리즘이 깊숙이 개입한다.

투자에 어느 정도 감각이 있는 사람에게는 큰 도움이 되지 않을 수 있

지만 자산이 별로 없어 PB센터 근처에도 가보지 못한 대다수 금융 소비자에게는 눈이 번쩍 뜨일 만한 서비스다. 이런 서비스가 인기를 끌며 세계 최대 자산운용사 블랙록(BlackRock)은 2015년 8월 퓨처어드바이저를 2,000만 달러(약 220억 원)에 인수했다. 비슷한 시기 애버딘자산운용(Aberdeen Asset Management)은 운용 자산이 15억 파운드(약 2조 6,000억 원) 규모인 '파메니온캐피털파트너스(Parmenion Capital Partners)'를 인수하기도 했다.

한국에서도 이 같은 서비스의 싹이 트고 있다. 카카오가 투자한 것으로 유명한 핀테크 업체 두나무를 대표 주자로 꼽을 만하다. 두나무는 카카오톡 기반의 소셜 증권 투자 앱 '증권플러스 for Kakao'를 운영하는 업체다. 이 앱은 2014년 2월 출시된 이후 1년 7개월 만에 누적 다운로드 수 70만 건, 누적 거래액 2조 원을 돌파했다. 다른 증권 앱과 달리 소셜 기능이 접목된 것이 특징이다.

카카오톡 친구 목록과 연동돼 친구가 어떤 종목에 관심이 있고 투자 방식이 어떤지를 알 수 있다. 주식 투자 고수로 불리는 구루(Guru)의 글과 매매 내역도 받을 수 있다.

주식 투자를 잘하면 매주, 매달 상금을 받는 '리워드(Reward)' 기능도 있다. 특히 증권플러스가 추천한 종목에 대해서는 이 종목이 시간이 지나면서 어떤 방향으로 움직였는지를 한눈에 보여주는 기능을 제공한다. 추천한 종목에 대해서는 증권플러스가 끝까지 책임진다는 계획으로 사후 관리에까지 나서는 것이다.

국내 증권가 일부에서 로보어드바이저 시장에 뛰어들려는 움직임도 보인다. KDB대우증권은 2015년 9~10월에 걸쳐 로보어드바이저 업체 쿼터백랩, AIM, 디셈버앤컴퍼니와 잇달아 업무 협약을 맺었다. 투자자들이 여러 종류의 로보어드바이저 중 입맛에 맞는 서비스를 골라 투자 자문을 받게 하기 위해서다. 고객이 투자 성향, 목표 수익률 등을 사전에 고르면 이를 인지한 로보어드바이저 업체가 고객별로 포트폴리오를 조정해 자산을 관리하는 구조다. 100인 100색의 다양한 투자 수요에 일일이 대응하려면 여러 로보어드바이저가 가진 논리를 두루 안내할 필요가 있다고 판단한 것이다.

비슷한 시기 NH투자증권에서도 자산 관리(WM) 핀테크 추진 태스크포스(TF)를 신설하고 로보어드바이저 사업 준비에 나선 상태다.

아직까지는 이용자가 자신의 성향이나 목표 수익률을 일일이 입력해야 하는 구조이지만 좀 더 데이터가 쌓이면 이 모든 과정을 인간의 개입 없이 알고리즘이 자동으로 배분하는 시대가 열릴 수도 있다. 앞서 얘기한 넷플릭스 사례처럼 빅데이터로 이용자의 투자 성향을 분석해 맞춤형 포트폴리오 몇 가지를 고객에게 제안하는 방식이다.

의사 결정 순간마다 이용자가 어떤 포트폴리오를 골랐는지, 시장 상승기 혹은 하락기에 어떤 선택을 했는지 선택지를 모으면 위험 선호자인지 기피자인지, 채권, 주식, 펀드 중에 무엇을 제일 선호하는지 등 여러 정보를 두루 파악할 수 있기 때문이다.

② 사물인터넷과 핀테크 보험이 만나면?

앞서 인슈어더박스가 텔레매틱스와 자동차보험을 결합해 흥행을 거두었다고 설명한 바 있다. 이후 한국에서도 이와 유사한 사례가 나왔다. 흥국화재가 2015년 10월부터 테스트 중인 'UBI(Usage Base Insurance) 시범 사업'이 대표적이다.

흥국화재가 KT와 함께 시작하는 서비스의 내용을 보자. 차량 정보를 수집할 수 있는 장치를 체험단 차량에 장착한 후 확보된 차량 운행 정보를 빅데이터로 분석해 운전자의 운전 습관을 분석하는 방식이다. 여기서 분석한 데이터를 통해 운전자의 운전 습관과 사고 간에 어떤 상관관계가 있는지를 분석한다. 체험단에는 운전 습관 분석 앱인 'k-ubi car'와 참여자 차량에 장착할 수 있는 차량 정보 수집 장치를 KT에서 무상으로 1년 동안 제공하기로 했다.

'k-ubi car' 앱을 쓰면 운전자의 운전 패턴이 누적돼 체험단 안에서 내 운전 습관이 얼마나 좋은지 나쁜지를 실시간으로 확인할 수 있는 랭킹 서비스를 이용할 수 있다. 실시간 운전 가이드, 주행 기록 조회, 소모품 관리, 차계부 기능 등도 제공된다.

흥국화재의 UBI 시범 사업은 국내 보험 업계 역사에 한 획을 그을 만한 사건이다. 보험 업계와 사물인터넷(IoT)이 결합한 첫 사례이기 때문이다.

IoT는 빅데이터와 함께 IT 업계를 강타하고 있는 주요 키워드 중 하나다. 사람과 사물, 공간, 데이터를 비롯한 모든 것이 인터넷으로 서로 연결돼 정보가 생성, 수집, 공유, 활용되는 것을 말한다. 1999년 케빈 애슈턴 매사추세츠공과대학교(MIT) 오토아이디센터 소장이 처음으로 고안한 용어인데, 나올 당시만 하더라도 생소했지만 기술 발전으로 이제는 널리 쓰일 수 있는 용어가 됐다.

좀 더 쉽게 설명하면 사물과 사물이 네트워크로 연결돼 인간의 개입 없이 서로 정보를 주고받는 것을 말한다. 그렇게 해서 나온 결과는 인간의 삶을 향상시키는 데 도움이 되어야 한다. 예를 들어 IoT가 설치된 냉장고에서 우유가 떨어졌으면 근처 쇼핑몰 온라인몰과 연결돼 자동으로 우유를 주문해 채워넣거나, 마트에 간 주인의 스마트폰으로 냉장고 속 고기가 떨어졌으니 먹고 싶으면 사오라고 알람을 보내는 것을 상상할 수 있다.

이렇게 하기 위해서는 센서 간에 연결이 필수다. 상상할 수 있는 모든 곳에 센서를 설치해 이를 인터넷망에 물리면 인간의 개입 없이도 중요한 정보가 서로 왔다 갔다 하며 의미 있는 결과를 추론할 수 있는 것이다.

이번에 흥국화재가 시도하는 UBI 보험은 이 같은 IoT의 공식을 그대로 밟고 있다. 차량에 설치한 센서가 '운전자의 주행 습관'이라는 데이터를 모아 이를 분석해 의미 있는 결과를 내놓는 것이기 때문이다. 센서가 실시간 모은 데이터를 KT가 갖고 있는 데이터센터로 곧바로 전달하는 구조다. 그런데 운전자 시각에서는 내 운전을 남이 그대로 들여다보는 찜찜함을 피할 수 없다. 이를 상쇄하기 위해 'k-ubi car' 앱을 1년간 쓸 수 있는 혜택을 주는 것이다.

흥국화재는 데이터를 1년간 차곡차곡 모으면 이것으로 새로운 자동차보험 상품을 만들 수 있다. 보험 상품을 만들기 위해서는 위험률 등 밑바닥 자료가 충분하게 있어야 하기 때문이다. 대충 이럴 것이라는 추측으로는 부족하다. 예를 들어 과속을 일삼는 운전자가 그러지 않는 운전자보다 사고를 더 많이 낼 것이라는 추측은 누구나 할 수 있다. 하지만 이 데이터를 보험료 차등으로 연결시키려면 통계 수치에 입각한 정밀한 자료가 있어야 한다. 이번 1년간의 실험으로 그 데이터를 얻고자 하는 것이다. 흥국화재가 무려 1만 명에 달하는 체험단을 모집하는 이유이기도 하다.

운동을 하면 서비스를 드립니다

보험과 웨어러블을 연결해 IoT 실험을 해보려는 시도도 활발하게 전개되고 있다. 미국의 보험사인 오스카(Oscar)가 대표적 사례다. 뉴욕에 기반을 둔 보험사 오스카는 2014년 12월 벤처캐피털로부터 1억 5,000만 달러(약 1,650억 원)를 투자받았다. 이들은 이 돈으로 웨어러블 디바이스 업체인 미스핏(Misfit)과 손잡았다. 스마트 기기를 손목에 찬 소비자의 건강 정보를 수집하는 게 목표다.

오스카는 미스핏의 건강 추적기를 손목에 착용하고 매일 설정된 목표치를 달성하면 1달러를 주기로 했다. 이렇게 하루하루 모은 돈이 20달러에 달하면 이것으로 아마존 선물 카드를 받을 수 있다. 1년에 최대 240달러어치의 서비스를 받을 수 있는 것이다.

여기서 나온 데이터는 추후 오스카가 건강보험을 출시할 때 중요한 자료로 쓰인다.

일단 1차적으로 보험 가입자들이 더 많은 운동을 하게 해 질병에 걸리는 것을 예방할 수 있다. 매일 1달러를 받으면서 조금이라도 더 몸을 움직이면 혈압과 체중을 관리할 수 있고, 정신적인 건강도 유지할 수 있기 때문이다. 매일 1달러라는 보상액 자체가 큰 것은 아니지만 스마트 기기를 착용하고 게임을 하는 기분으로 하루 운동 목표치를 채우는 것은 사용자에게 적잖은 재미를 선사할 수 있다. 이런 식으로 사용자에게 운동을 독려해 질병에 걸릴 확률을 줄이면 오스카 처지에서는 보험금을 줄일 수 있는 확률이 높아진다.

이것으로 끝이 아니다. 스마트 기기로 자신의 건강을 체크하는 보험 가입자는 더 많은 정보를 보험사에 공개할 가능성이 높다. 스마트 기기가 사용자의 맥박이나 혈압을 체크하고 이 데이터를 실시간으로 오스카에 보내면 이를 빅데이터 솔루션으로 분석해 매우 정밀한 건강보험을 만들어낼 수 있다. 평소 건강관리를 열심히 해 병에 걸릴 확률이 현저하게 낮은 사람에게 보험료를 대폭 할인해주고 오스카 보험에 가입할 것을 권유하는 식이다. 다른 보험사가 갖지 못한 정밀한 데이터를 갖고 있기 때문에 보험료를 대폭 할인하고도 타사 대비 더 높은 이익을 낼 수 있다. 이런 소문이 널리 퍼지면 건강에 자신 있는 잠재 보험 가입자는 다른 보험을 마다하고 오스카로 몰리게 된다. 보험료가 싼 보험에 가입할 수 있기 때문이다. 그러면 오스카는 소위 '우량 고객'을 끌어모을 수 있는 여지가 생긴다. 여기서 우량 고객은 사고 발생 확률이 상대적으로 낮은 건강한 가입자를 말한다.

오스카는 단순히 걷는 것 외에 수영이나 자전거 타기 분야로도 혜택을 줄 영역을 넓힐 예정이다. 스마트 기기를 매개로 의사와 실시간으로 연결할 수 있는 솔루션을 만들 수도 있다. 활용 방법이 무궁무진하다는 얘기다. 오스카는 뉴욕과 뉴저지를 기반으로 하는 미국 내 작은 보험회사다. 하지만 이번 서비스는 미국 전역을 상대로 진행할 예정이다. 프로젝트가 성공하면 단숨에 미국에서 영향력 있는 주요 보험사 중 하나로 도약할 수 있다는 평가가 나온다.

남아프리카공화국의 디스커버리사도 비슷한 실험을 하고 있다. 온라인으로 건강진단을 할 수 있고, 실시간 건강 상태를 기록하는 손목 밴드를 출시해 소비자의 데이터를 모으고 있다. 디스커버리는 이를 '바이탤리티(Vitality) 프로그램'이라고 부른다. 소비자의 생활 습관을 실시간으로 분석해 보험료를 책정하는 데 활용한 결과 계약 해지율과 사망률을 각각 52%와 34%까지 낮췄다는 분석이 나왔다.

미래에는 아픈 보험 가입자의 집에 로봇을 보내 응급 상황에 미리 대비할 수 있게 하는 시대도 열릴 전망이다. 프랑스 보험사인 BNP파리바 카디프는 이 같은 시도를 하고 있다.

이 회사가 2013년 이탈리아에서 만든 '해비타트'란 보험 상품은 화재나 홍수, 정전 등의 사고가 나면 이를 가입자와 보험사 콜센터에 실시간으로 알려 빠른 조치가 이뤄지도록 하는 특징이 있다. 사고가 더 커지기

전에 미리 막을 수 있다면 가입자는 피해를 줄일 수 있고 보험사는 보험금을 적게 줘도 되니 서로 이득이 되는 장사다. 이 회사 본사에는 3D프린터가 있다. 자동차보험 가입자의 차량이 갑자기 고장 났는데 부품을 구하기 어렵다면 3D프린터로 이를 제작해 최대한 빨리 수리를 끝내겠다는 의지를 보여주는 것이다. 아직까지 상용화되지는 않았지만 미래에는 얼마든지 이 같은 실험이 가능하다.

물론 IoT 보험이 활성화되려면 넘어야 할 산도 있다. 개인 정보 보호이슈가 가장 큰 문제다. 보험과 관련된 개인 정보가 외부로 유출되면 큰 피해가 생길 수 있다는 것이다. '빅브러더 이슈'도 있다. 내 개인 정보를 틀어쥔 보험사가 이를 나쁘게 활용할지도 모른다는 걱정을 할 수 있기 때문이다.

3

미래에서 내다본 핀테크 파장

앞서 은행의 핀테크 버전인 인터넷전문은행, 로봇이 주식 투자를 해주는 로보어드바이저, 차량에 센서를 부착해 운전습관에 따라 보험료를 차등적용하는 자동차 보험을 비롯해 금융 산업 전반이 어떻게 변할 것인지 언급한 바 있다. 이제는 가장 중요한 사람의 이야기를 하려 한다. 핀테크는 금융사의 일자리 구조를 어떻게 변화시킬 것인가. 과연 핀테크를 장밋빛 시각으로만 볼 수 있을까.

여기에 대한 해답은 2016년 1월 스위스에서 열린 46회 다보스포럼에서 찾을 수 있다. 다보스포럼 사무국은 '제4차 산업혁명의 이해'를 핵심 주제로 삼고 〈직업의 미래〉라는 이름의 보고서를 공개했다. 내용은 충격적이다. 세계 고용의 65%를 차지하는 주요 15개국에서 2020년까지 사무관리직과 제조·예술·미디어 분야 등에서 무려 710만 개의 일자리가 사라진다고 예언한 것이다. 또한, 보고서는 컴퓨터·수학·건축 관련 분야에서 새로 생겨나는 일자리가 200만 개에 불과할 것으로 예측했다. 결국 순감하는 일자리가 500만 개다.

사무실이 사라진다

가장 큰 타격을 입는 직업군은 화이트칼라 직군이다. "반복적인 업무를 수행하는 화이트칼라 사무실은 멸종에 가까워질 것"이라는 경고 메시지가 나왔다. 무려 현재 일자리의 3분의 2가 없어질 것이라는 예견이다.

다보스가 2020년 이후를 예견한 '기술 발전 티핑포인트'를 보면 변화의 물결이 더욱 빨라지는 것을 볼 수 있다. 2023년에는 빅데이터에 의한 의사결정이, 2026년에는 자율주행자동차와 인공지능에 의한 의사결정이 티핑포인트 단계에 접어든다.

금융과 이를 접목하면 어떤 미래상을 점칠 수 있을까. 10년 이내에 로봇이 주식에 투자할 것인지 채권에 투자할 것인지를 결정한다는 결론이 도출된다. 아직 초기 단계인 로보어드바이저 성능이 비약적으로 향상되기 때문이다. 2026년 자율주행자동차가 범용화되면 자동차 보험 시장은 현재의 모습을 유지하기 힘들다. 전적으로 인간의 개입 없이 운전할 것을 약정한다면 위험률을 반영한 새로운 보험료는 어떻게 산정해야 할까? 2024년에는 헬스케어 부문에서도 3D프린팅이 상용화된다고 하는데, 이 역시 현재 건강보험 체계를 근본부터 뒤흔들 수 있는 중요 변수임이 분명하다.

그렇다면 기존 금융사는 새로운 변화 물결에 어떻게 적응해야 할 것인가. 전례 없는 도전을 이겨낼 방법이 존재하는가? 해답은 금융사가 '기술'을 어떻게 발전시킬 수 있을지에 달려있다. 앞서 설명한 대로 '빅데이터로 신용등급 평가를 얼마나 정교하게 할 것인가?', '무인 자동차가 보급된 상황에서 정밀한 보험료 차등 체계를 선보일 수 있는가?', '로보어드바이저로 경쟁사 대비 얼마나 높은 투자수익률을 거둘 수 있는가?'에 만족할 만한 답을 내놓은 금융사는 생존하고, 그렇지 못한 금융사는 몰락하는 것이다.

하지만 변화에 잘 적응한 금융사라 하더라도 대대적인 인력 감축은 피할 수 없을 것이다. 핀테크가 발달할수록 금융산업에서 사람의 손이 닿는 분야는 눈에 띄게 줄어들게 된다. 사람 대신 로봇이 자산관리를 해주고, 스마트폰으로 국제 송금을 하고, 대출 상담도 원격으로 하는 상황에서 무슨 인력이 더 필요할까? 이미 변화는 시작됐다. 2012년 7,700여 개에 달하던 국내 은행 지점 수는 2015년 9월 말 7,322개로 뚝 떨어진 상태다.

2015년 특별퇴직으로 짐을 싼 은행원만 4,000명에 달한다. KB국민은행과 한국스탠다드차타드(SC)은행이 1,000명 안팎의 대규모 특별 퇴직 절차를 밟았다. 연말에는 KEB하나은행(690명), 기업은행(188명), NH농협은행(347명)이 줄줄이 희망퇴직 카드를 꺼냈다. 2016년에는 신한은행이 새해 벽두부터 희망퇴직 신청을 받았다. 결국, 특기 없이 지점에 앉아 대출상담, 카드발급을 주로 맡던 은행원은 자리를 잃을 것이라는 이야기이다. 그 빈자리는 대부분 로봇이 채울 것이다. 또한 핀테크 알고리즘을 설계하거나, 이를 유지보수하고, 새로운 서비스를 개발해내는 탁월한 소수의 IT인재가 신규 채용의 기회를 얻게 될 것이다.

4

비트코인(1) 화폐인가 상품인가?

2015년 10월 22일은 가상화폐 비트코인 역사에 한 획을 그은 하루였다. 화폐인지 상품인지 실체를 놓고 말이 많았던 비트코인이 화폐로 인정받은 날이기 때문이다. 이날 유럽 사법 당국은 비트코인을 통한 거래가 면세되어야 한다는 판결을 내렸다.

유럽사법재판소는 "비트코인 거래를 부가가치세 부과 대상으로 볼 수 없다"며 비트코인을 사실상 기존 화폐와 똑같이 취급해야 한다는 취지의 판결을 내렸다. 유럽연합(EU)은 현재 역내에 유통되는 화폐나 동전을 법적 통화 수단으로 간주해 이를 사고팔아도 세금을 부과하지 않는다. 이 때문에 이번 판결은 유럽이 사실상 비트코인을 화폐로 인정했다는 의미로 해석된다.

이에 앞서 2014년 6월 스웨덴은 유럽사법재판소에 가상화폐 거래소가 가상 통화 거래에 물리는 부가가치세를 내야 할 책임이 있는지를 가려달라고 요청한 바 있다. 스웨덴 사람인 다비드 헤드크비스트 씨가 세무 당국에 비트코인 거래소 운영 허가를 신청했는데 이때부터 스웨덴에서 비트코인의 합법성에 대한 논란이 불거진 것이다.

비트코인은 사실상 돈과 같은 개념으로 쓰였다. 하지만 유럽 내 국가별로 비트코인을 어떻게 볼 것인가에 대한 해석은 조금씩 달랐는데, 영국은 비트코인을 화폐로 분류한 반면 스웨덴과 독일은 이를 상품으로 분류해야 한다고 팽팽한 설전을 벌여왔다. 2015년 10월 유럽 사법 당국의 판결로 비트코인은 상품에서 어엿한 화폐 취급을 받을 수 있는 길이 열렸다. 한국으로 따지자면 100만 원어치 비트코인을 살 때 10% 부가가치를 붙여 110만 원을 내야 할 필요가 없다는 뜻이다. 상품이지만 사실상 화폐 역할을 수행하는 금을 살 때도 10%의 부가가치세를 내는 것이 당연한 관행인 것을 보면 이번 유럽사법재판소의 판결이 얼마나 진일보했는지를 알 수 있다. 그렇다면 이 비트코인은 도대체 어디서 나왔고, 또 어떤 의미를 갖는 것일까.

금은 곧 사이버머니다

비트코인은 2009년 나카모토 사토시라 불리는 일본인이 만든 것으로 전해진다. 사실 그가 정말 일본인이지 본명인지도 알 수가 없다. 개인이 아닌 단체라는 추측도 나온다.

미국 조지워싱턴대학교의 전 교수인 닉 사보 씨가 비트코인의 창시자라는 그럴듯한 추정도 나온다. 그가 비트코인과 유사한 사이버머니 '비트 골드'를 만드는 일에 무려 10년이나 매달린 데다 비트코인이 나오기 전에 수개월 동안 각계각층의 프로그래머를 대거 모집했다는 것이 추론의 배경이다. 쉽게 말해 비트코인은 사이버머니다. 컴퓨터로 어려운 수학 연산 문제를 풀면 얻을 수 있는데, 말이 수학이지 사실상 슈퍼컴퓨터를 동원해야 풀 수 있어 개인이 연습장에 손으로 풀 정도의 간단한 산식을 크게 뛰어넘는다.

비트코인의 총량은 2,100만 개로 묶여 있다. 이 중 지금까지 약 1,400

만 개가 채굴됐다고 한다. 비트코인 창시자로 불리는 나카모토 사토시는 중앙은행을 신뢰하지 않는 것을 비트코인을 만든 주요 이유로 들었다. 화폐를 찍어낼 수 있는 중앙은행은 경기가 침체되면 화폐 공급을 늘리는 카드를 꺼낼 수 있다. 이로 인해 인플레이션이 유발되며 돈의 가치가 하락하기도 한다. 나카모토는 이런 방식이 옳지 않다고 봤다. 중앙은행의 판단으로 통화량을 늘리거나 줄이는 것은 돈에 대한 신뢰를 떨어뜨리는 주범이라는 것이다. 그가 비트코인 총량을 2,100만 개로 묶어놓은 이유다. 어찌 보면 비트코인은 금본위제 시절의 금과 같은 역할을 한다. 전 세계 금의 총량에는 변화가 없고 금을 발행하는 기관이나 국가도 당연히 없다. 나카모토는 총량이 정해진 특정 자산을 기준으로 재화의 교환 가치를 측정하는 것이 정의롭다고 생각하는 것이다. 화폐를 통제하는 주체를 국가에서 시장으로 돌려주는 것으로 볼 수 있어 전문가들은 나카모토가 미국이 주도하는 현 금융 체제를 깊이 불신하고 있을 것으로 추측했다.

비트코인은 짧은 시간에 여러 에피소드를 만들어냈다. 2009년 10월 고시된 비트코인의 첫 환율은 1비트코인당 0.0008달러였다. 2010년 4월 첫 비트코인 거래소가 생겼는데 다음 달인 5월 22일 한 소지자가 비트코인으로 도미노피자의 피자를 사서 세계 최초로 비트코인으로 물건을 산 거래로 기록됐다. 이를 기념해 미국에서는 매해 5월 22일을 비트코인 피자 데이(Bitcoin Pizza Day)로 지정하고 비트코인 거래를 기념한다.

이 거래는 2010년 비트코인 포럼 게시판에 'laszlo'라는 아이디를 가진 주문자가 라지 사이즈의 피자 두 판을 보내주면 1만 비트코인을 내겠다며 거래를 제안한 것에서 시작했다. 글을 올린 지 4일 후 'jercos'라는 사람과 피자 거래에 성공했다. 당시 시세로 환산하면 1만 원가량을 지불한 셈이니 손해 보는 장사는 아니었다. 문제는 그 이후부터 비트코인 시세가 가파르게 올랐다는 점이다. 2015년 말 시세를 기준으로 하면 1만 비트코인은 수십억 원에 달한다. 이 주문자는 미래 수십억 원어치의 돈을 벌 수 있는 기회를 피자 두 판과 바꾼 셈이 됐다.

2013년에는 비트코인 하나로 세계 여행을 한 부부도 등장했다. 101일 동안 4개국을 여행했는데 먹고, 자고, 이동하는 모든 절차를 온전히 비트코인에만 의지해 화제를 모았다.

비트코인은 알고리즘의 화폐다. 컴퓨터 공식에 의해 통제되는 화폐다. 냉정하게 따지면 비트코인은 전자 기록에 불과하다. 뚜렷한 실체가 없다. 모두가 동의해서 가치를 부여하고 돈으로 인정하는 최초의 화폐로 불린다. 많은 사람에게서 "비트코인은 돈이다"라는 공감을 이끌어내 전자 기록 따위에 불과한 비트코인이 단숨에 화폐 반열에 올라선 것이다. 2013년 중반에는 1비트코인이 무려 1,242달러에 달하기도 했다. 2015년 8월 기준으로는 약 227달라다.

세계 1호 비트코인 ATM은 캐나다 밴쿠버에서 나왔다. 2015년 말 기준 전 세계에 약 400대의 ATM이 있는 것으로 파악된다. 신용카드 정보를 입력하면 비트코인 번호를 주는 식이다. 서울에도 외국인이 주로 몰리는 곳에 몇 대의 비트코인 ATM이 설치돼 있다.

부작용은 없을까?

비트코인의 부작용에 대해 우려하는 목소리도 나온다. 가장 큰 문제는 달러 대비 환율 변동이 너무 크다는 것이다. 비트코인이 진정한 화폐 반열에 오르려면 가치가 안정적으로 유지돼야 하는데 매년 등락을 반복하는 현 추이로는 불안한 마음에 비트코인을 대량으로 보유하기 힘들어진다. 엔, 유로, 금, 파운드를 비롯한 대다수 화폐는 1~2년 만에 가치가 반의 반 토막이 나거나 하지는 않는다.

또 하나는 마약 거래를 비롯한 불법적인 거래 수단으로 비트코인이 악용될 수 있다는 점이다. '실크로드(Silk Road)'라 불리는 사건이 대표적이다. 미국 연방수사국(FBI)은 2013년 약 3년 동안 수백만 달러에 달하는 마약과 해킹 소프트웨어 등을 거래한 실크로드라는 온라인 사이트를 적발했는데 사이트 운영자 로스 윌리엄 울브리히트 씨가 거래 수수료를 비트코인으로 받은 것이다. 실크로드에서 거래된 액수만 950만 비트코인에 달해 당시 가치로 약 13억 달러(약 1조 4,300억 원)에 달했다. FBI는 여기서 챙긴 수수료만 60만 비트코인일 것으로 추산했다.

2014년 4월 파산한 마운트곡스(Mt. Gox) 사례도 곱씹어봐야 할 대목이다. 마운트곡스는 도쿄에 본사를 둔 한때 세계 최대 규모의 비트코인 거래소였다. 전 세계 비트코인 거래의 80%를 담당하기도 했다. 하지만 2014년 2월 해킹으로 85만 비트코인이 털려 일본과 미국에 각각 파산보호신청을 냈다. 이후 현실적으로 회생이 어렵다고 판단해 파산 절차를 밟았다. 일본 도쿄지방법원은 2014년 4월 24일 마운트곡스의 파산을 공식 선고했다.

이 회사 CEO였던 마크 카펠레스 씨는 8월 횡령 혐의로 도쿄에서 체포되기도 했다. 카펠레스는 비트코인 75만 개와 직접 갖고 있던 비트코인 10만 개를 해킹으로 도난당했다고 밝혔다는데 이후 비트코인 20만 개를 다시 찾았다고 밝히는 등 석연치 않은 구석이 있었던 것이다. 자작극일 우려가 있어 범죄 혐의를 캐봐야 한다는 것이다. 비트코인이 해킹을 비롯해 사이버 도난 위협에서 자유롭지 않다는 것을 보여준 해프닝이었다.

비트코인이 유행하자 이를 카피한 여러 유사품도 쏟아지고 있다. 각기 쓰인 기술이 조금씩은 다르다. 무려 600개가 넘는 카피캣(Copycat)이 나온 상태다.

5 비트코인(2) 블록체인을 주목하라

비트코인이라는 새로운 화폐 개념 이면에는 '블록체인(Blockchain)'으로 불리는 신기술이 기술적 배경을 제공하고 있다. 극단적으로 말해 비트코인이 전 세계적으로 상용화에 실패해 역사 속으로 사라지더라도 기반 기술인 블록체인은 사회 패러다임을 크게 바꿀 변수가 될 것이라는 얘기가 나온다. 세계적인 미래학자인 돈 탭스콧은 2015년 10월 〈매일경제신문〉 주최로 열린 세계지식포럼에서 "블록체인이 디지털 세대를 아우르는 중요한 개념으로 부각할 것"이라고 말했다. 블록체인이 활성화하면 거래와 계약에 신뢰를 부여하는 역할을 하는 변호사와 회계사의 일거리가 급감할 것이라는 예측이 나올 정도다. 블록체인 내에서의 거래 자체가 신뢰도가 매우 높기 때문에 제3의 인증 기관 구실을 할 누군가의 필요성이 확 줄어들 것이라는 얘기다.

이미 전 세계 금융권에서 이 같은 시도가 나타나고 있다. 〈월스트리트저널〉은 2015년 5월 나스닥과 유럽 증권거래소 여덟 곳을 운영하는 나스닥OMX그룹이 나스닥 프라이빗 마켓을 상대로 블록체인 기술을 시범 적용할 계획이라고 밝혔다. 나스닥OMX그룹은 비상장 주식을 거래하는 프라이빗 마켓에 블록체인 기술을 우선 테스트하기로 했다.

블록체인의 핵심 개념은 정보를 보관하는 방식이다. 과거에는 남들이 쉽게 들여다볼 수 없는 중앙 집중적인 관리 기관에 핵심 정보를 보관했다. 이중 삼중의 방어망을 치고 정보 유출을 막았지만 '도둑보다 빠른 경찰은 없다'는 말에서 볼 수 있듯이 해킹의 위협을 완전히 막는 것은 불가능하다.

따라서 인간의 개입 없이 디지털 기록에만 의지해 계약에 신뢰성을 부여하는 것은 곤란하다. 변호사가 거래에 대한 공증을 하고, 회계사가 장부가 실제와 잘 들어맞는지 회계감사를 하는 이유다.

하지만 블록체인 기술을 응용하면 상황이 좀 달라진다. 블록체인을 쉽게 비유하면 '공공 거래 장부'라고 설명할 수 있다. 누구나 쉽게 들여다볼 수 있지만 이를 위조하기는 힘든 암호화된 거래 장부다.

비트코인으로 예를 들어 설명하면 A라는 사람이 비트코인을 채굴해 B라는 사람에게 넘기고 이를 다시 C가 가져갔다면, 이 거래 내역은 모두 디지털화한 형태로 기록이 남아 있다. 하지만 이 정보는 국가나 정부, 혹은 거래 주선자가 갖고 있는 게 아니다. P2P 네트워크를 통해 기록이 남아 있는 형태다. 쉽게 설명해 거래 기록을 하나의 동전이라고 비유하면 동전이 무수한 숫자의 조각으로 갈라져 블록체인에 연결된 모든 사람이 조각 하나씩 나눠 갖는 식이다. 거래 내역을 확인할 때는 각자가 가진 동전 정보가 실시간으로 공유되어 이 거래가 잘 일어났는지를 누구나 쉽게 파악할 수 있다. 권위 있는 누군가가 거래에 신뢰도를 부여할 필요가 사라지는 것이다. P2P 네트워크 자체가 분산된 거대 데이터베이스(DB)로 활용되는 것이다.

DB를 위조하기 힘든 점도 블록체인이 가진 장점 중 하나다. 데이터가 어디에 있는지 모를 만큼 방대한 영역에 흩어져 있기 때문에 기록된

내용을 입맛에 맞게 바꾸려면 블록체인 시스템 전체를 좌지우지할 만한 컴퓨팅 파워가 있어야 한다. P2P 네트워크에 물려 있는 컴퓨터의 연산 능력을 합친 것보다 더 뛰어난 실력이 필요한데, 슈퍼컴퓨터를 전부 연결해도 사실상 불가능한 작업이다.

블록체인에는 거래 내역만 기록할 수 있는 것이 아니다. 응용 가능성이 무궁무진하다. 신분 정보, 상품권, 주식 소유권, 주택 매매 계약, 원재료 구매 내역 등 거래에 필요한 모든 정보를 분산된 형태로 공유할 수 있다. 이런 시스템이 자리 잡으면 땅을 사고팔기 전에 인감증명서를 떼고 계약서를 쓴 뒤 법무사를 통해 등기하는 모든 절차가 다 필요 없어지는 것이다.

나스닥 프라이빗 마켓이 블록체인에 관심을 두는 이유가 바로 여기에 있다. 지금까지 비상장 주식 거래는 계약을 일일이 변호사를 끼고 했기 때문에 거래 속도가 느렸다. 하지만 블록체인 기술을 도입하면 거래에 신뢰를 부여할 수 있어 속도가 훨씬 빨라진다. 로버트 그리펠드(Robert Greifeld) 나스닥 CEO는 "실물 증권을 관리하는 데 블록체인 기술을 활용하는 게 아주 유용하다"고 평가했다.

나스닥에 블록체인 서비스를 제공하는 애덤 러드윈(Adam Ludwin) 체인 CEO는 "블록체인 기술은 주식 거래를 넘어 전 세계 금융 경제를 새롭게 정의할 것"이라고 말했다. 뉴욕증권거래소, 골드만삭스, 스위스 투자은행 UBS 등도 블록체인 관련 기술 연구에 뛰어든 상태다.

은행, 블록체인에 눈을 돌리다

씨티그룹, 도이치뱅크, 미쓰비시UFJ파이낸셜그룹 등 글로벌 은행 22곳은 아예 블록체인을 공동으로 연구하는 핀테크 시스템 개발 연합까지 만들었다. 공동 시스템을 표준화해 널리 쓰이도록 하자는 게 목표다.

이들 22개 은행은 미국 핀테크 업체 R3라는 곳과 제휴했다. 데이비드 러터 R3 CEO는 "글로벌 금융시장에 공동 시스템을 적용하면 훨씬 빠르고 효율적이라는 것을 보여줄 것"이라고 말했다.

무엇보다 내로라하는 22개 은행이 힘을 합친 점이 청사진을 밝게 만든다. 블록체인은 규모의 경제가 적용되는 대표적인 분야다. 같은 '체인'에 들어온 당사자들이 많아질수록 쓸모가 많아지고 활용 범위도 커진다. 블록체인 기술이 쓰인 대표 주자인 비트코인이 각광받고 가격이 높아진 것도 이를 쓸 수 있는 곳이 많아졌기 때문이다.

22개 은행은 힘을 합쳐 시스템을 국제표준으로 만들겠다는 야심을 품고 있다. 예를 들어 22개 은행이 공동으로 블록체인 기반의 가상화폐를 만들어 22개 은행 사이에서 국제 송금을 주고받을 때 수수료를 대폭 줄이는 서비스를 출시하면 주목을 끌 수 있다. 저렴한 수수료를 기반으로 국제 송금 핀테크 업체의 대항마로 블록체인 기술을 들고나올 수 있다는 뜻이다. 무라바야시 사토시 미쓰비시UFJ파이낸셜 최고정보책임자(CIO)는 "블록체인 기술을 기반으로 보안이 강화되고 비용이 저렴한 금융 서비스를 출시할 수 있다"고 설명했다.

오호라, 오로라!

국가 전체를 상대로 블록체인 기술을 응용한 가상화폐를 만들어보겠다는 움직임도 있었다. 아이슬란드에서 2014년 2월에 태어난 가상화폐 오로라코인(Auroracoin)이 주인공이다.

오로라코인은 아이슬란드의 기업가인 발데르 오딘슨이 만들었다. 아이슬란드를 기반으로 쓸 수 있는 가상화폐다. 오로라코인의 탄생 배경에는 유럽의 금융 허브로 불렸던 아이슬란드의 몰락 스토리가 있다. 아이슬란드는 2008년 전 세계에 경제 위기가 닥쳤을 때 금융 시스템이 총체적으로 붕괴하는 우여곡절을 겪었다. 금융업 기반으로 국가 시스템을 개조해 선진국 반열에 올랐지만 금융 의존도가 지나치게 높아 금융 위기 한 방에 국가 존망이 위태롭게 된 것이다. 이를 극복하기 위해 아이슬란드 정부는 강도 높은 긴축 정책을 펼치고 국부 유출을 우려해 폐쇄적인 외환 정책을 함께 내놓았다.

이같이 폐쇄적인 정책이 이어지자 국제 무역과 해외 투자, 외국인 직접 투자(FDI)까지 위축됐다. 정부가 국가 부도를 우려해 외환이 들어올 때마다 중앙은행에 쌓아놓도록 강제했기 때문이다. 외국인 처지에서는 이 같은 폐쇄 정책으로 투자 수익을 환급받지 못할 위험이 올라가 투자를 꺼리는 악순환이 나타난 것이다.

오딘슨은 이 같은 국가 정책에 반발해 오로라코인을 만들었다. 돈을 통제할 수 있는 권리를 국가에서 국민에게로 돌려줘야 한다고 주장했다. 2014년 3월 25일에는 33만 명에 달하는 아이슬란드 국민에게 1인당 오로라코인 31.8개를 무료로 뿌리는 '오로라코인 에어드롭(airdrop) 작전'을 개시하기도 했다. 당시 가치로 1오로라코인이 11.6달러 정도였으니 아이슬란드 국민이라면 누구나 무료로 370여 달러를 손에 쥔 것이다.

이를 통해 아이슬란드 국민 전체를 상대로 오로라코인의 인지도를 높여 공식 화폐인 크로나를 대체할 수 있는 유력 주자로 띄우려고 시도했다. 오로라코인의 사용처가 불투명한 데다 아이슬란드 정부까지 반대해 오로라코인의 시도는 결국 실패로 돌아갔다. 오로라코인을 손에 쥔 국민이 한꺼번에 이를 내다 팔아 단기간에 화폐 가치가 폭락한 것도 신뢰를 잃어버린 배경이었다. 하지만 블록체인을 응용한 새로운 시도가 여러 방면으로 벌어질 수 있다는 가능성을 오로라코인 사례는 잘 보여준다.

6 카카오택시와 요기요의 공통점

카카오가 2015년 3월 출시한 카카오택시는 예상을 뛰어넘는 엄청난 인기를 끌고 있다. 출시된 지 6개월 만에 누적 호출 건수가 2,000만 건을 돌파했다. 특히 택시를 마음 놓고 타기 힘들었던 여성을 상대로 인기가 높다. 카카오로 택시를 부르면 기사 얼굴과 이름, 차량 번호가 뜬다. 이것을 가족에게 바로 보낼 수 있어 술 취한 밤에 택시를 타고 들어갈 때 드는 불안감을 느끼지 않아도 된다. 신상 정보가 모두 공개되는 것을 뻔히 알면서까지 범죄를 저지를 수 있는 택시기사는 거의 없을 것이다. 콜택시를 부를 때 내야 할 수수료도 없다. 택시 요금도 스마트폰 기반으로 바로 결제할 수 있다.

'요기요', '배달의 민족'을 비롯한 배달 앱도 인기가 많다. 2014년 1조원으로 추산됐던 배달 앱 시장은 2015년 2조 원 규모로 시장 크기가 두 배로 늘었다. 카카오택시, 배달 앱 시장을 통틀어 설명할 수 있는 개념이 O2O(Online to Offline) 서비스다. 온라인과 오프라인을 유기적으로 결합해 새로운 가치를 창출하는 것을 말한다. 오프라인 매장이 패러다임을 인터넷, 디지털 베이스로 전환하는 것을 의미한다. 실제 서비스는 오프라인에서 이뤄지더라도 이를 주문하거나 홍보, 검색하는 단계는 상당수 온라인을 기반으로 벌어지는 것이다. 모바일에서 택시를 부르면 내 발 앞에 오프라인 서비스인 택시가 오고, 스마트폰으로 주문하고 결제까지 끝내면 배달원이 집 앞 초인종을 누르고 피자를 배달해주는 식이다.

O2O 서비스는 모든 산업에 침투하고 있다. 부동산, 운송, 유통, 인테리어에까지 손길이 미치지 않는 곳이 없다. KT경제경영연구소는 국내 O2O 시장 규모가 단기간에 300조 원에 달할 것으로 분석했다.

O2O를 얘기할 때 빼놓을 수 없는 것이 핀테크다. 디지털 기반인 핀테크 서비스가 실체가 있는 오프라인으로 영역을 확대하는 대표적 분야가 O2O다. 특히 핀테크 결제와 오프라인 서비스가 만나 시너지 효과를 내면서 산업 규모가 급속도로 커질 전망이다.

핀테크는 근본이 '디지털 금융'이다. 이 자체로 부가가치를 내기에는 한계가 있다. 송금 수수료와 결제 수수료, 자산 관리 서비스로 돈을 벌기에는 시장 파이에 한계가 있는 것이다.

하지만 핀테크를 기존에 있던 오프라인 서비스에 결합시켜 핀테크 품 안으로 오프라인 사업을 끌어들이면 기존에는 상상할 수 없었던 엄청난 부가가치를 낼 수 있다. 미국에서 O2O 주요 사업자가 애플, 페이팔, 스퀘어, 아마존을 비롯한 핀테크 기업인 이유다. 중국에서는 알리페이를 보유한 알리바바가 O2O 시장을 이끌고 있다.

특히 페이팔은 오프라인 시장 공략에 집중하는 대표적인 핀테크 기업이다. 카드 리더기 개념인 페이팔 히어(Paypal Here)를 통해 가맹점이 고가의 POS(Point of Sale) 단말기를 깔지 않아도 손쉽게 결제가 되도록 했다. 페이팔 비콘(Paypal Beacon)을 설치한 매장에 페이팔 앱을 깐 스마트폰을 들고 들어가면 해당 매장의 메뉴와 할인 쿠폰 등이 자동으로 스마트폰에 뜬다. 단순한 결제 서비스에서 진화해 오프라인 시장에서 차별화된 가치를 줄 수 있도록 자꾸 영역 파괴를 시도하는 셈이다.

중국에서는 중국을 상징하는 대표적인 IT 기업인 알리바바와 텐센트가 O2O 시장을 확대하기 위해 손잡는 대형 사건이 벌어졌다. 2015년 10월 소셜커머스 업체 메이퇀(美團)과 식당 리뷰 업체 다중뎬핑(大衆点評)이 전격 합병을 선언했다. 미국 〈월스트리트저널〉은 두 회사의 기업 가치가 150억 달러(약 16조 5,000억 원) 규모라고 평가했다. 2015년 중국 인터넷 업계 최대 인수합병(M&A) 규모였다.

메이퇀과 다중뎬핑은 알리바바와 텐센트가 각각 투자한 기업이다. 알리페이와 텐페이라는 결제 업체를 보유한 두 기업은 핀테크 분야에서 치열한 경쟁을 벌이는 라이벌이다. 왕싱(王興) 메이퇀 CEO는 "합병을 통해 O2O 영역에서 더 나은 서비스를 만들겠다"고 전했다. 장타오(張濤) 다중뎬핑 CEO는 "두 회사는 지난 몇 년간 경쟁 관계였지만 합병 후 각자 갖고 있는 장점을 발휘해 더욱 발전하겠다"고 포부를 밝혔다. 두 회사가 몸을 섞으면서 알리바바와 텐센트가 가진 플랫폼을 왔다 갔다 하는 O2O 서비스를 쓸 수 있다.

줄 서지 말고 앱으로 주문하세요

한국에서도 핀테크의 미래 한 축은 단연 O2O가 될 전망이다. 카카오택시로 재미를 본 카카오는 2015년 10월 O2O 서비스를 미용으로 확장하겠다는 비전을 내비쳤다. 카카오 투자 전문 자회사인 케이벤처그룹이 유명 뷰티 업체 '하시스'의 지분 51%를 인수해 자회사로 편입한 것이다.

미용실, 피부미용실, 네일숍 분야에서 고객 관리 노하우를 보유한 기업인데 2015년 9월 기준으로 전국에 9,718개의 회원사를 두고 있다. 카카오 플랫폼을 상대로 대대적인 마케팅을 벌이고 스마트폰으로 미리 결제를 끝낸 뒤 근처 하시스 숍에서 서비스를 받는 방식이 유력하다.

이미 카페 분야에서는 이 같은 서비스가 일상 속으로 깊숙이 스며들었다. 이 분야의 효시로는 스타벅스 사이렌오더가 꼽힌다. 스타벅스 모바일 앱으로 음료를 선택하고 결제할 수 있는 O2O 서비스다. 2014년 5월 서비스가 나온 이래 1년 만에 주문 건수가 75만 건을 돌파했다. 나만의 음료를 미리 앱으로 주문해 길게 줄을 서지 않고 맞춤형 주문을 할 수 있다. 점심시간처럼 매장이 붐빌 때는 특히 유용하게 활용할 수 있다.

부동산 중개 분야도 O2O 서비스로 진화하고 있다. 부동산 중개 앱 '직방'은 1인 가구를 대상으로 한 틈새시장을 개척해 발품을 팔지 않고도 맘에 쏙 드는 전세와 월세를 찾을 수 있게 했다. 소규모 공동주택 정보를 제공하는 '유어홈'은 건물 정보부터 매입 절차, 사후 관리까지 지원하는 원스톱 주택 구매 서비스를 제공한다. 장기간 한국에 머무는 주머니 사정이 가벼운 외국인을 위한 '스테이즈'라는 앱도 나왔다. 2015년 5월 시범 서비스를 한 '짐카'는 이삿짐, 이사 날짜, 현주소와 이사할 주소만 알려주면 이사 비용을 자동으로 계산해주고 미리 결제까지 한 번에 끝낼 수 있다.

예전 같으면 대면 기반으로 알음알음 결제가 이뤄졌을 비즈니스였다. 하지만 모바일 시대를 맞아 모두 스마트폰 기반으로 처리되며 핀테크 서비스에 편입되는 것이다.

이런 식으로 데이터가 쌓이면 핀테크와 O2O가 서로가 서로의 영역을 키우는 시너지 효과를 낼 수 있다. 물건을 파는 처지에서는 파편화하던 결제 데이터가 핀테크 중심으로 모이면서 빅데이터로 소비자에 대해 분석할 수 있게 된다. 여기서 나온 인사이트로 핀테크로 주문 결제를 하는 소비자에게 혜택을 돌려줄 수 있는 길이 열린다.

소비자 처지에서는 순수 오프라인 시장에서 알음알음 물건이나 서비스를 살 때보다 O2O 시장에서 핀테크를 통해 결제할 때 더 많은 혜택을 받을 수 있다. 투명하지 않았던 서비스 가격이 온라인에서 투명하게 공개되면서 바가지를 쓸 일도 줄어든다.

이런 식으로 오프라인은 점점 온라인으로 녹아들게 된다. 이 과정이 고도화하면 모든 서비스가 온라인 중심으로 통합된다. 서비스나 물건 검색, 구매 결정, 결제까지 모두 온라인에서 한 방에 끝내는 것이다. 단지 게임이나 전자책처럼 온라인에서 서비스가 완결되지 않고 물건을 찾거나, 음식을 먹거나, 머리를 다듬는 등의 서비스를 받을 때만 오프라인으로 경계가 잠시 넘어오는 것이다.

금융의 디지털 버전인 핀테크는 신뢰성과 보안성이 핵심이다. 핀테크와 손잡고 온라인으로 영역을 넓힌 O2O 서비스는 신뢰성과 보안성 측면에서 단순 오프라인 서비스에 비해 우위에 서 있다. 모든 결제 이력이 기록으로 남기 때문에 사기당할 염려도 적고 환불도 상대적으로 쉽다. 서비스 이용자가 남긴 솔직한 평가를 듣기도 편하다.

O2O와 핀테크를 결합한 기존 사업체의 변신도 볼만한 구경거리다. 사이렌오더를 도입한 스타벅스는 IT를 적극적으로 사업과 연결하고 있다. 스타벅스는 2015년 말 뉴욕의 엠파이어스테이트 빌딩 등 고층 빌딩을 상대로 커피 배달 서비스를 시작했다. 직접 종업원이 나서서 앉은 자리까지 커피를 서비스한다. 특히 O2O의 핵심인 위치 기반 서비스가 적극 이용될 것이다. 비콘과 실내 위치 확인 시스템(IPS)을 통해 복잡한 건물 안에서 커피를 주문한 소비자가 정확하게 어디에 있는지를 가려내겠다는 시도다.

하워드 슐츠 스타벅스 CEO는 클라우드 컴퓨팅, 빅데이터, 모바일, 보안 등을 통해 스타벅스를 혁신하겠다는 시도를 밝힌 바 있다. 배달 서비스에 나온 결제 데이터를 분석해 스타벅스가 개인화한 O2O 서비스를 어떻게 구현할 것인지가 흥미롭다.

7 증강현실로 결제 내역 살펴보기

2015년 10월 미국 뉴욕에서 열린 마이크로소프트(MS)의 윈도10 디바이스 미디어 행사는 적잖은 관심을 끌었다. 원래 노트북 컴퓨터, 태블릿PC, 스마트폰을 비롯한 MS 하드웨어의 새 제품을 발표하는 자리였는데 정작 주인공 노릇은 사전 행사 격으로 열린 '홀로렌즈'가 했다. 홀로렌즈는 MS가 야심 차게 개발 중인 증강현실(Augmented Reality) 전용 안경이다. 증강현실이란 사용자가 눈으로 보는 현실 세계에 가상 물체를 겹쳐 보여주는 기술을 말한다. 혼합현실(Mixed Reality)이라고도 한다. 현실 환경과 가상 환경을 합쳐서 새로운 형태의 경험을 선사하는 것이다.

현실 세계에서 보는 것을 토대로 가상의 이미지를 덧씌우는 것이기 때문에 아예 허구를 기반으로 하는 가상현실보다 사용자 시각에서 훨씬 받아들이기 쉽다. 이날 MS가 보여준 홀로렌즈는 증강현실의 미래를 두루 조망할 수 있는 자리였다.

MS는 홀로렌즈 기술이 쓰이는 게임 데모를 공개하고 시연까지 했다. 게임 이름을 '프로젝트 엑스레이'라고 붙였는데 집의 거실 벽을 뚫고 들어오는 외계 로봇을 레이저 무기로 물리치는 내용이다.

사용자는 일단 홀로렌즈 헤드셋을 쓰고 손에 홀로렌즈 스틱을 든다. 게임을 시작하면 사용자는 평소에 내가 살던 집의 구조를 살려 여러 가지 새로운 영상이 뜨는 것을 볼 수 있다. 홀로렌즈 스틱은 레이저 광선을 발사할 수 있는 무기로 변신한다.

아직까지 그래픽 수준이 높지 않고 게임이 단순하다는 한계는 있지만 향후 홀로렌즈 생태계를 보고 뛰어드는 여러 개발자의 역량을 감안하면 이른 시일 내에 콘텐츠의 질은 비약적으로 상승할 수 있다.

이를 응용한 여러 다른 게임도 기대할 수 있다. 〈스타워즈〉의 주인공처럼 광선검을 차고 가상의 적과 일전을 벌이거나 홀로렌즈로 허공에 가상의 TV 화면을 띄워 실시간으로 국가대표 축구 경기를 관람할 수도 있다.

전자책 콘텐츠를 허공에 띄워 읽거나 백과사전을 펼쳐놓고 검색할 수도 있다. 이론적으로는 한 평(3.3㎡)짜리 고시원에서 공간의 제약을 벗어나 무수히 넓은 상상의 나래를 현실 속에 구현할 수 있는 것이다. 텅 빈 공간에 은행 직원과의 영상 채팅 화면을 펼쳐 실시간으로 상담하는 것도 가능하다.

핀테크에서도 증강현실을 응용한 서비스가 나오고 있다. 뉴질랜드의 웨스트팩뉴질랜드(Westpac NZ)가 세계 최초로 증강현실을 접목한 은행 앱을 만든 것이다.

스마트폰 앱을 작동하고 카메라로 이 은행이 발급한 신용카드를 비추면 최근 다섯 번의 거래 내역과 결제 장소가 3차원 이미지로 뜬다. 이달 25일 자동차 할부금을 내야 하는 잔액이 있다면 그게 얼마인지, 통장에서 빠져나가는 날짜는 언제인지를 3차원 그래픽으로 보여준다. 카메라를 들어 텅 빈 공간을 비추면 가까이에 있는 은행 지점과 ATM이 어디에 있는지도 알아볼 수 있다. 5주간의 소비 내역을 카데고리별로 묶어서 제공하는 서비스도 있다.

　이 같은 정보는 실제 신용카드 위와 옆 공간에 증강현실 형태로 그래픽 처리가 되어 나타난다. 스마트폰이나 PC에서 글자 형태로 정보를 일일이 찾아봐야 했던 것에서 벗어나 꼭 필요한 데이터를 직관적으로 알기 쉽게 재미 요소를 결합해 서비스하겠다는 아이디어를 현실화한 것이다.

　이 은행의 최고디지털책임자(CDO) 사이먼 포메로이(Simon Pomeroy) 씨는 3차원 입체영상이 은행 서비스를 빠르고 쉽고 독특한 경험으로 만들 수 있다고 설명했다. 증강현실이 모바일 뱅킹 서비스를 좀 더 알기 쉽고 직관적으로 이해할 수 있게 도와준다는 것이다. 앞으로 증강현실을 응용한 핀테크 서비스가 무궁무진하게 나올 것으로 본 것이다.

　웨스트팩뉴질랜드가 만든 증강현실 서비스는 아주 초보적인 수준이지만, 앞으로 기술이 더 발전하면 여러 형태의 진보된 서비스가 나올 수 있다.

　게임 요소를 끌어들여 광고를 결합해 금리를 깎아주는 서비스를 상상해볼 수 있다. 예를 들어 대출을 받고자 하는 사람을 상대로 증강현실로 은행 지점 몇 곳을 직접 방문해 스마트폰으로 지점에 있는 가상의 괴물을 처치하거나 혹은 아이템을 받아오게 권유한 뒤 이를 실천에 옮기면 금리를 소폭 깎아주는 것이다. 현실성이 없을 것 같지만 깊게 생각하면 그렇지 않다. 요새 신용 평가를 하면서 가장 중요한 변수로 떠오르는 것이 자금 결제 이력 뒤편의 비정형적인 데이터를 모아 신용에 반영하는 것이다. 금리를 깎기 위해 은행 몇 곳을 돌 정도로 부지런한 사람이라면 돈을 떼어먹지 않고 성실하게 상환할 가능성이 높다고 가정해도 크게 무리가 없다고 판단한다. 이런 식으로 데이터를 모아 빅데이터로 분석해 양자 간에 상관관계만 도출하면 얼마든지 이를 응용한 새로운 서비스를 내놓을 수 있다.

'좋아요'를 누르면 금리를 깎아드려요

독일 온라인 은행인 피도르는 페이스북 '좋아요'를 누르면 실제로 대출 금리를 인하하는 서비스를 제공하고 있다. 증강현실로 재미있는 콘텐츠를 만들어 금융 상품 홍보에 활용할 수도 있다. 대다수 펀드 상품, 보험 상품 등은 구조가 복잡해 소비자들이 이해하기가 쉽지 않다. 그래서 설명을 충실히 듣지 못한 소비자의 '불완전 판매' 이슈도 종종 발생한다.

하지만 증강현실로 펀드가 만들어지는 과정 등을 분석해 3차원 그래픽으로 보여주면 소비자의 눈길을 끌 수 있다. 이 과정에서 자연스럽게 홍보 효과도 생긴다. 게임 콘텐츠 업체와 협력해 '핀테크 게임'을 만들 수도 있다. 여기에 광고를 붙여 자금을 확보하고 혜택의 일부를 소비자에게 돌려줄 여지도 생긴다. PPL(Product PLacement)을 게임에 연결시켜 따낸 광고 수입을 부지런한 소비자에게 돌려주자는 취지다.

이 과정에서 떠오르는 키워드가 '게임화(Gamification)'다. 게임화는 게임(Game)과 접미사 '화(-fication)'를 합친 신조어다. 게임을 할 때 느끼는 재미나 보상 등의 요소를 적절히 활용해 다른 분야에 접목하는 것이다. 사람들이 재미를 느끼는 활동에 집중한다는 점을 활용하는 것이다. 딱딱하고 어렵게만 느꼈던 금융이 게임화와 핀테크, 증강현실에 힘입어 시각적이고 흥미롭게, 입체적으로 화사하게 변신할 수 있다는 얘기다.

물론 이를 위해서는 증강현실 서비스 가격이 충분히 싸져야 한다는 조건이 들어맞아야 한다. MS는 홀로그램 개발자 버전을 2016년 1월에 팔겠다고 발표했는데 제품 가격이 무려 3,000달러에 달한다. 일단 단말기 자체가 너무 비싸서 대중화하기까지는 분명한 한계가 있다.

홀로렌즈 단말기 가격이 비싸다는 것은 단순히 기계 값이 비싸다는 차원을 넘어선다. 증강현실 생태계가 힘을 받으려면 연관 콘텐츠가 많아져야 한다. 그러려면 콘텐츠 개발자가 작품을 만들었을 때 이것을 팔 곳이 늘어야 한다. 하지만 단말기 가격이 비싸 소수의 얼리어답터만 기계를 갖고 있다면 개발자 처지에서 발품을 들여 관련 콘텐츠를 개발할 유인이 별로 없다. 따라서 기획 상품 형태로 돈을 많이 들인 몇 안 되는 콘텐츠만 시범적으로 나오게 된다. 하지만 이런 문제는 시간이 자연스럽게 해결해줄 것으로 보인다. 기술이 발전하면 기계 값은 점차 떨어지는 것이 순리이기 때문이다.

한국에서 증강현실 핀테크 서비스가 어떤 형태로 나올지도 흥미롭다. 한국은 IT 업계의 테스트베드로 불릴 만큼 새로운 서비스 수용에 적극적인 나라다. 한국에서 서비스가 통하면 이를 해외로 수출할 여지도 얼마든지 있다. 시작은 웨스트팩뉴질랜드가 한 대로 스마트폰 앱을 통한 증강현실 서비스가 될 것이다. 하지만 기술이 발전하면 증강현실 안경을 쓰고 내 집 안방이 은행 지점으로 변신하는 사례도 얼마든지 나올 것으로 기대된다. MS의 홀로렌즈 시연 행사는 금융 업계에도 적잖은 시사점을 던진 의미 있는 행사였다.

웨어러블 산업, 핀테크를 입다

안드로이드웨어는 구글이 내놓은 웨어러블 디바이스의 안드로이드 버전이다. 스마트폰에는 안드로이드라는 OS가 있는데 이것을 웨어러블 기기로 돌리기에는 너무 무거우니까 내놓은 것이 안드로이드웨어다. 2014년 3월 구글의 순다르 피차이(Sundar Pichai) 수석부사장이 처음으로 존재를 밝혔다.

지금까지 나온 제품으로는 안드로이드웨어를 탑재한 스마트워치가 꼽힌다. 자체 OS를 탑재한 애플과 타이젠을 밀고 있는 삼성전자의 일부 제품을 제외하고는 거의 대다수 스마트워치가 안드로이드웨어를 탑재했다고 보면 된다. 구글은 스마트워치를 제외한 다른 웨어러블 기기의 표준 OS로 안드로이드웨어를 밀겠다고 생각하고 있는데, OS 분야에서 막강한 영향력을 갖춘 구글의 파워를 볼 때 충분히 실현 가능한 얘기다. 아마도 안드로이드 스마트폰의 막강한 보급망을 연계해 안드로이드웨어 OS 보급률도 그에 필적한 수준으로 올라갈 것이다. 스마트폰과 연동해 쓸 때 웨어러블 기기의 가치를 극대화할 수 있다고 보면 아

뉴질랜드 은행인 웨스트팩뉴질랜드가 세계 최초로 내놓은 증강현실 신용카드 조회 서비스. 스마트폰 앱을 작동시켜 카메라로 신용카드를 비추면 거래 내역과 결제 장소가 3차원 이미지로 뜬다. (출처 : 웨스트팩뉴질랜드)

이폰 이용자는 애플워치를, 구글 폰 이용자는 안드로이드웨어를 탑재한 웨어러블 기기를 쓸 것이다. 웨어러블 산업을 스마트시계 외에 스마트의류, 스마트신발, 스마트안경, 스마트볼펜 등으로 확장해도 마찬가지 공식이 적용된다.

그렇다면 과연 어디서 돈을 벌 수 있을 것인가. 이미 성공 스토리를 쓴 안드로이드 OS와 비슷한 비즈니스 모델로 성공할 수 있을 것인가. 일단 안드로이드웨어가 탑재된 웨어러블은 스마트폰과 달리 화면이 없거나 매우 작다. 따라서 비즈니스 모델에도 일부 수정이 불가피하다. 대신 스마트폰 화면이라는 한계에서 벗어나 좀 더 다양한 실험을 할 여지도 있다. 몇 가지 비즈니스 모델이 나올 것으로 보이는데 우선 위치 기반 서비스가 가능성이 있다.

예를 들어 안드로이드웨어를 장착한 스마트신발을 신으면 목적지를 사전에 입력하면 신발이 실시간으로 길을 안내할 수 있게 진동이나 불빛으로 사람을 목적지로 인도하는 식이다. 잘못된 길로 접어들면 진동을 울려 신호를 보내거나 혹은 신발 앞에 프로젝터를 설치해 신발이 땅바닥에 지도를 그려줄 수도 있다. 신발은 시계 다음으로 갈아 신는 빈도가 낮은 필수품이라는 점을 감안하면 이 같은 상상을 해볼 수 있다.

IoT 개념을 이용한 여러 서비스도 상상해볼 수 있다. 게임 분야가 대표적인 이슈가 될 수 있는데, 예를 들어 테마파크 한쪽에 안드로이드웨어로 돌아가는 IoT 오프라인 게임장을 설치하는 시도가 나올 수 있다. 여기에 안드로이드웨어가 들어간 칼, 신발, 옷을 입고 IoT 기술로 특정 장소를 지나다닐 때마다 홀로그램 형태의 괴수가 나와 싸우는 것이다. 서비스 전체를 아우르는 OS가 반드시 있어야 하는데 구글의 범용성이라면 첫 번째 선택이 될 수 있다.

아직까지 무엇으로 돈을 벌지 분명하지 않은 생태계 초기 단계이지만 웨어러블 시장이 좀 더 열리고 다양한 서드파티(Third-party)가 독특한 제품을 쏟아내 소비자에게 선택을 받으면 '규모의 경제' 법칙에 의해 하나씩 앞서 열거한 서비스들이 나올 수 있다.

웨어러블을 이끄는 구글의 현주소

뚜렷한 생태계 경쟁자로는 애플과 삼성을 꼽을 수 있다. 하지만 구글이 더 유리하다. 아이폰 선호도가 높은 북미에서는 애플 역시 웨어러블 시장에서 구글과 유사한 서비스를 내놓을 수 있다. 하지만 애플은 폐쇄적인 OS 정책 때문에 서드파티를 끌어들일 여지가 구글에 비해 현저하게 떨어진다. 삼성은 자체 OS인 타이젠을 경쟁작으로 밀 수 있는데, 영향력은 제한적일 것으로 보인다. 삼성은 가전 분야에서 막강한 영향력을 갖고 있다. 즉 홈 네트워크 분야의 OS를 장악할 수 있는 단초가 있다. 타이젠으로 돌아가는 TV, 세탁기, 전자레인지, 냉장고로 라인업을 갖추고 이를 원격으로 조절하거나 여기서 부가가치를 내는 타이젠 OS의 웨어러블 시장을 공략하는 것이다. 하지만 강점이 있는 분야가 가전으로 지나치게 제한적인 데다 타이젠 OS를 장착한 스마트폰은 거의 없고, 이 때문에 서드파티를 끌어들일 여지가 떨어지는 것으로 보여 여러모로 안드로이드웨어의 경쟁 상대가 되기에는 부족한 것으로 보인다.

안드로이드웨어로 파생되는 생태계 비즈니스가 얼마나 빠른 시간 안에 올라갈지는 전초전인 스마트워치 시장의 성숙도에 따라 결정될 것으로 보인다. 그리고 이와 각도를 달리해 안드로이드웨어와 직접적인 관련은 없지만 오프라인 간편결제 시장이 얼마나 빨리 자리를 잡느냐도 중요 변수가 될 것이다. 전자는 안드로이드웨어 보급률 측면에서, 후자는 안드로이드웨어로 할 수 있는 주요 서비스 모델 중 하나가 자리를 잡아가는 측면에서 의미가 있다.

그래서 핀테크 결제 분야가 유망 분야가 될 것이라는 전망이 나온다. 물론 본인 확인을 어떻게 할 것이냐를 놓고 여러 기술적 논쟁이 벌어지겠지만 스마트폰 종속을 넘어 인간의 여러 부분과 밀착되는 만큼 새로운 서비스를 기대할 수 있다. 예를 들어 스마트안경에 현재 근거리무선통신(NFC)보다 커버리지가 더 큰 주파수 교환기를 설치해 매장에 들어가 물건을 고르면 결제가 되게 하거나 스마트안경에 바코드 리더기를 심어 눈으로 읽으면 결제가 되는 서비스 모델을 생각해볼 수 있다.

안드로이드웨어 광고도 기존과는 다른 형태로 진화할 개연성이 높다. 매장을 지나다닐 때 푸시 알람 형태로 옷이 진동하거나 스마트안경에 바로 쿠폰이 뜨는 형태도 가능하다. 무엇이 되었든 간에 스마트폰에 비해 재미 요소를 많이 포함시켜야 하는 구조다. 화면이 없거나 작다는 것은 소비자와의 접점을 잃어버리는 것이지만, 반대로 여러 형태의 소비자 접점을 찾을 수 있는 기회가 되기도 한다.

스마트워치로 은행 보기

특히 2015년부터 한국 은행들이 스마트워치와 결합한 각종 서비스를 내놓으면서 이런 예측에 힘을 싣고 있다. 농협은 2015년 1월 국내에서 처음으로 NH워치뱅킹을 내놓았다. 이용자가 비밀번호를 스마트워치에서 누르면 거래 내역을 조회하고 잔액을 살필 수 있게 하는 서비스다. 농협은 안드로이드 OS를 타깃으로 이 서비스를 내놓았는데 크게 보면 이는 안드로이드웨어 생태계의 하나로 편입할 수 있다. 이 서비스는 ATM에서 현금을 뺄 수 있는 서비스로까지 진화했다. 별도의 현금카드 없이 스마트워치만으로 전국의 농협 및 축협 ATM에서 하루 30만 원 이내에서 출금 가능한 서비스다.

우리은행이 삼성과 손잡고 타이젠 OS 스마트워치로 서비스하는 '우리워치뱅킹'도 주목할 만하다. 삼성 자체의 스마트워치 생태계를 만들고자 하는 노력을 읽을 수 있기 때문이다. 이 서비스를 쓰면 등록된 계좌를 선택해 통장이나 카드 없이도 전국 우리은행 ATM에서 돈을 인출할 수 있다. 삼성 스마트워치 기어S2 출시일인 2015년 10월 2일에 맞춰 기어 S2를 통해 관련 앱을 내려 받을 수 있게 했다.

신한카드는 업계 최초로 스마트워치를 통한 카드 서비스를 제공하며 발 빠르게 움직이고 있다. '신한 앱카드' 앱을 내려 받으면 스마트워치를 통해 결제할 수 있다. 스마트워치에서 '앱카드' 앱을 실행해 비밀번호 여섯 자리를 입력하면 결제용 바코드나 QR코드가 뜬다. 이를 앱카드 결제 단말기가 설치된 오프라인 가맹점에서 보여주고 물건을 사는 식이다.

'신한 스마트 매니저' 앱을 통해서는 이용대금 명세서, 최근 이용 내역, 다음 달 결제 예정 금액, 이용 가능 한도, 포인트 등을 스마트워치로 두루 조회할 수 있다.

PART
05

한국 핀테크의
눈물과 웃음

2015년 5월 15일 서울 여의도 소재 한국 거래소에서 특별한 사건이 벌어졌다. 당시 서강대학교 금융법센터 주최로 핀테크 학술대회가 열렸다. 중국과 미국, 영국에서 온 연사들이 강연을 마친 뒤 한국에서 핀테크를 대표하는 전문가들이 모여 토론을 벌이기로 했다.

예정된 시간을 조금 앞두고 당시 다음카카오(현 카카오)를 이끄는 이석우 대표를 만났다. 오후 4시가 넘어 만난 그의 얼굴에는 피곤한 기색이 가득했다. "취재할 거리가 없는데 뭐하러 여기까지 왔느냐"는 농담을 건네기도 했다.

이 대표는 이날 카카오의 핀테크 서비스인 카카오페이 등을 소개하는 짧은 시간을 가질 예정이었다. 이 대표가 들고 온 A4용지 두세 장의 원고에는 카카오의 여러 서비스가 짤막하게 요약되어 있었다. 예정된 강연이 모두 끝나고 패널 토의 시간이 왔다. 마이크가 이 대표 앞으로 전달되자 대반전이 벌어졌다. 마이크를 잡은 이 대표는 비장한 표정으로 준비한 A4용지 원고를 한쪽으로 덮어놓고 격앙된 어조로 첫마디를 뗐다. "오늘 작정하고 막말을 하겠습니다. 제가 요새 정말 울고 싶은 심정입니다. 핀테크 기업을 대표해 이 자리에 앉은 것 같은데 그럴 자격이 있는지나 의문입니다." 전혀 예상치 못한 발언에 장내는 순간 얼어붙었다.

그는 날 선 어조로 말을 이어갔다. "중국은 (알리바바가 운영하는) MMF인 위어바오의 잔액이 100조 원이랍니다. 그런데 고작 10만 원 송금하는 뱅크월렛카카오가 무슨 핀테크인가요. 다음카카오를 핀테크 기업이라고 부르는 것 자체가 부끄러워요. 정말 울고 싶은 심정입니다. 규제 때문에 스마트폰으로 적은 돈을 보내는 뱅크월렛카카오 서비스 출시에만 2년 반이나 걸렸어요. 한국의 뿌리 깊은 규제 문화를 바꾸지 않으면 한국 핀테크는 힘듭니다. 뱅크월렛카카오를 처음 기획한 것은 카카오톡을 사용하는 한 사람이 아이디어를 보낸 2012년 3월이었어요. 하지만 금융 당국의 보안성 심의를 받는 데만 1년 반이나 걸려 서비스는 한참 뒤에 나왔죠. 1만 건의 거래 중에 단 한 건의 사고도 나지 말아야 한다는 것이 한국의 핀테크 문화입니다. 작은 문제라도 생기면 언론에 대서특필되고 곧바로 촘촘한 규제가 나오죠. 요새 뒤늦게 규제를 푼다고 하는데 법을 좀 고치고 시행령을 바꿔도 그게 근본적인 대책일지는 모르겠어요. 큰 기업인 다음카카오도 규제 때문에 이렇게 힘든데 작은 스타트업은 더 말할 필요도 없지 않겠어요? 규제 당국과 언론은 물론 규제 마인드에 길들여진 사회 모두에 책임이 있다고 봅니다."

평소 속내를 깊이 드러내지 않는 그의 성격으로 볼 때 이날 공개된 자리에서 이 같은 강경 발언을 꺼낸 것은 이례적이었다. 단순히 당시 보직을 맡고 있던 다음카카오 대표 차원을 넘어 한국의 핀테크 생태계 전반을 우려하는 마음에 이 같은 얘기가 나온 것이다. 정부 차원의 규제를 지적한 것을 넘어 규제에 길들여진 한국 금융 문화, 작은 사고도 용납하지 않는 사회 분위기 전반에 대한 실망감을 표현한 것으로 볼 수 있다.

미국이나 유럽을 비롯한 핀테크 선진국은 산업 초기 단계에는 규제를 아예 적용하지 않아 창의적인 아이디어가 곧바로 비즈니스로 연결되게 하고, 어느 정도 성장한 뒤에 문제가 생기면 규제의 칼날을 들이대는 경우가 많다. 반면 한국은 사업을 시작하기도 전에 각종 규제로 몸살을 앓는 사례가 많기 때문에 이대로라면 성공 스토리를 쓰는 핀테크 스타트업이 많이 나오기는 힘들다는 안타까움을 드러낸 것이다.

실제 주요 선진 국가에서는 기술력이 높은 우리 핀테크 기업을 상대로 러브콜을 보내며 적극 유치에 나서고 있다. 한국의 핀테크 규제 문화를 강하게 성토한 이석우 전 다음카카오 대표의 우려대로 규제에 지친 한국 핀테크 업체 상당수가 해외로 본사를 옮기는 '엑소더스'가 일어날 수 있다는 위기감이 돌고 있다.

1 고생하지 말고 여기로 오세요

실제 핀테크 선진국들은 우수한 기술을 가진 한국 업체를 유치하기 위해 물밑에서 뜨거운 전쟁을 벌이고 있다. 특히 룩셈부르크는 장관이 직접 나서 한국 핀테크 업체를 유치하려고 총력을 기울일 정도다.

2015년 5월 중순에는 한국NFC, 페이게이트를 비롯한 한국 핀테크 업체 다섯 곳이 룩셈부르크 정부의 초청을 받고 룩셈부르크 방문길에 오르기도 했다. 룩셈부르크 정부는 체류 기간인 3일 동안 현지 스타트업과 벤처캐피털 미팅 약속, 정부 관계자 면담, 식사비와 이동 수단을 직접 제공하겠다고 제안했다. 항공권과 호텔비만 들고 오면 나머지는 알아서 모두 준비하겠다는 파격적인 제안이었다.

룩셈부르크의 피에르 그라메냐 재무장관이 2015년 1월에는 직접 한국을 방문해 20여 곳에 달하는 핀테크 업체와 면담했다. 규제 때문에 사업하기 힘든 한국에서 고생하지 말고 룩셈부르크로 건너와 정부의 지원을 등에 업고 사업을 해보면 어떻겠냐는 제안도 했다. 이후 정부 차원의 의지를 보여주고 상세한 얘기를 나누기 위해 한국 핀테크 업체를 현지로 초청한 것이다.

룩셈부르크는 유럽의 '핀테크 허브'로 올라서기 위해 노력하고 있다. 룩셈부르크는 글로벌 은행 148곳이 자리 잡고 있다. 유럽의 금융 중심지 중 하나다. 노동인구의 11%인 4만 5,000명이 금융 분야에서 일한다. 그중 1만 명은 핀테크 업무를 한다. 금융업과 IT가 고루 발전한 몇 안 되는

룩셈부르크 핀테크 왜 뜨나

- '룩스이노베이션' 프로그램. 핀테크 설립부터 자금 유치까지 전 과정 지원
- 핀테크 기업에 최대 100만 유로 자금 지원
- 영국·독일·프랑스 등 메가뱅크 배후 수요 풍부
- IT 인력이 풍부해 현지 기술과 결합 시너지 효과 기대

나라다. 알리페이, 페이팔, 아마존 페이먼트, 라쿠텐을 비롯한 유명 핀테크 업체가 룩셈부르크에 지사를 두고 있다.

한국 핀테크 업체에 관심을 보이는 국가는 룩셈부르크뿐만이 아니다. 비슷한 시기에 영국, 중국, 호주, 아일랜드, 홍콩, 싱가포르, 미국 조지아 주정부를 비롯한 국가들이 대대적으로 한국 핀테크 업체에 러브콜을 보냈다. 싱가포르와 미국 조지아 주정부는 한국에 핀테크 유치 전담 사무소까지 차렸다. IT 강국인 한국 핀테크 업체의 기술이 세계적으로 우수하지만 규제에 발목 잡혀 실력을 발휘하지 못하고 있으니 한국에서 고생하지 말고 본사를 옮겨 꿈을 펼쳐보라는 메시지를 던졌다고 한다.

핀테크 서비스는 특성상 국경의 장벽이 없기 때문에 국외로 본사를 옮겨도 사업하는 데 별 지장이 없다는 것이다. 실제 룩셈부르크를 방문한 핀테크 업체 중 현지에 법인을 설립한 회사가 나오기도 했다. 핀테크 보안 기업 KTB솔루션이 주인공이다. KTB솔루션은 사용자가 스마트폰에 서명한 필기 속도와 패턴을 통해 본인 여부를 가리는 '스마트 사인'이라는 기술을 갖고 있다. 예를 들어 사인을 하며 원을 그릴 때 사람마다 힘을 주는 포인트나 원을 그리는 속도가 제각각인데 스마트 사인은 이 같은 특성을 읽어 본인인지를 판별할 수 있는 솔루션이 특기다. 생체 정보 일부를 노출해야 하는 지문이나 홍채 인식과 달리 사용자 시각에서 훨씬 편하게 쓸 수 있는 특징이 있다.

룩셈부르크 정부가 내건 혜택은 뿌리치기 힘들 정도로 구체적이었다. 심사를 거쳐 정착 자금 명목으로 100만 유로(약 12억 8,000만 원)를 무상으로 지원하고, 60만 유로(약 7억 7,000만 원)가량을 초저금리로 빌릴 수 있는 혜택도 줬다. 현지 주재원 자녀는 고등학교까지 무상으로 교육받을 수 있고 현지 영주권을 딸 수 있는 길도 열려 있다. 룩셈부르크에 자리 잡으면 인근 독일, 프랑스 등 인접 국가로 손쉽게 시장을 확대할 수 있어 핀테크 업체 처지에서는 일석이조의 효과를 누릴 수 있는 것이다.

게다가 룩셈부르크에는 기업이 저작권이나 특허, 상표 등 지식재산(IP)을 이용해 돈을 벌면 세금의 80%를 환급해주는 규정이 있어 창의적인 비즈니스 모델을 가진 핀테크 업체의 눈길을 더욱 사로잡고 있다.

　문제는 룩셈부르크는 물론 중국, 아랍에미리트, 네덜란드, 싱가포르, 동남아시아 소국 브루나이까지 한국 핀테크 기업 유치에 뛰어들고 있다는 점이다. 한국 핀테크 기업이 대거 해외로 나가는 엑소더스 상황이 임박했다는 전망이 나올 정도다.

　KTB솔루션은 브루나이 정부로부터 "최대 40억 원까지 지원할 수 있으니 브루나이에 법인을 열자"는 제안도 받았다고 한다. 2015년 4월에는 핀테크 업체 페이게이트가 영국에 법인을 내기도 했다. 익명을 요구한 핀테크 업체 대표는 이렇게 말하기도 했다. "룩셈부르크를 비롯한 금융 선진국은 핀테크 업체를 사업 파트너로 바라봅니다. 우리와 손잡고 '사업을 같이 성공시켜보자'는 적극적인 마인드로 달려들죠. 반면 한국은 '우리가 이렇게까지 해주는데도 매일 싫은 소리만 하느냐'는 견해를 보일 때가 많죠. 물론 한국 공무원들은 대단히 성실하고 똑똑합니다. 하지만 기본 마인드가 보수적이라 결과에는 한계가 있어요. 생색내기로 규제 몇 개를 없애는 데 집중하고 있어 현장에서는 답답할 때가 많죠. 많이 좋아지기는 했지만 앞으로도 극적인 변화가 있을 것 같지는 않다는 생각이 들어 안타까울 때도 있습니다. 딱히 공무원 개인의 잘못이라기보다는 사회 전체적인 시스템의 문제죠."

② A업체의 좌충우돌 이야기

스마트폰 NFC 기능으로 간편결제 서비스를 제공하는 A업체는 2015년 10월 학수고대하던 서비스를 처음 시작했다. 이 회사는 결제 업체 중에서도 매우 독창적인 기술을 갖고 있다. 앱을 내려 받아 신용카드를 스마트폰에 가져다 대면 비밀번호 네 자리 중 두 자리를 입력하면 바로 결제가 끝난다. 앱을 내려 받는 것만으로도 내 스마트폰이 카드 결제기로 변신하는 것이다.

이 회사는 특히 전국에 있는 영세 상인을 상대로 큰 인기를 끌 가능성이 있다. 신용카드 가맹 네트워크가 전국에 깔려 있는 한국이지만 아직 사각지대도 적지 않다. 길거리 포장마차나 지방 오일장에서 5,000원어치 야채를 사고 신용카드로 결제할 것이라고 생각하는 사람은 없을 것이다.

하지만 이 회사 서비스를 쓰면 그 간극을 메울 수 있다. 판매자가 스마트폰에서 앱을 내려 받아 가맹 등록만 하면 모든 절차가 끝난다. 곧바로 내 스마트폰을 카드 리더기로 활용해 카드 결제를 받을 수 있다. 기존에는 적잖은 돈을 들여 휴대용 카드 결제기를 사야 했지만 그보다 훨씬 값싼 방식으로 카드 네트워크 안으로 들어갈 수 있는 것이다.

해외 수출길을 열 수 있는 것도 장점이다. 결제 업체로 유명한 스퀘어는 스마트폰에 별도의 장치를 달아 카드 결제 기능을 수행하는 방식인데, 이 서비스와 비교하면 오히려 번거로운 측면이 있다. 별도 부품이 필요 없는 A업체 서비스가 훨씬 진보된 방식이라는 얘기다. 다만 이런 식의 결제가 이뤄지려면 신용카드에 NFC 칩이 달려 있고, 스마트폰이 NFC 데이터를 읽을 수 있어야 한다는 두 가지 조건이 성립돼야 한다. 한국에서는 신용카드가 교통카드 기능을 겸하도록 거의 대다수에 NFC 칩을 넣는 데다 스마트폰에 NFC 기능이 들어간 지 이미 오랜 시간이 지나 두 가지 조건이 충족되는 것에는 큰 어려움이 없다.

이전에는 찾아볼 수 없는 혁신적인 기술이지만 상용화 단계까지 적잖은 진통이 있었다. A업체의 상용화 과정을 보면 한국 핀테크가 겪어왔던 지난한 과정을 고스란히 느낄 수 있다.

이 업체의 시범 기술이 나온 것은 상용화 직전 해인 2014년 3월이었다. 시범 서비스부터 상용화 단계까지 1년 7개월이나 걸린 것은 기술과는 무관한 다른 이슈가 번번이 상용화 과정을 가로막았기 때문이다. 이 회사 H대표는 입버릇처럼 "이렇게 힘들 줄 알았다면 아예 시작을 안 했을 것"이라고 말하곤 한다.

H대표가 기술을 들고 온라인 쇼핑몰에 사업을 제안한 것이 시작이었다. 온라인 쇼핑몰에 A업체 서비스를 더하면 복잡했던 결제 절차를 단순화할 수 있다. 하지만 온라인 쇼핑몰은 신용카드사의 승인을 받아오라는 제의를 했다. 카드사에서 승인을 받기 위해 업무 협의를 시작하니 카드사는 금융감독원의 보안성 심의를 통과해야 한다고 했다.

이에 금융감독원을 방문하니 A4용지로 세부 항목이 100개에 달하는 심의 절차 리스트를 가져왔다. '단말기 분실·도난 대응 절차 확인', '부정거래 탐지 및 모니터링 실시 여부 확인' 등 신기술로 해결될 수 있지만 명목상 요구하는 것들이 대다수였다. 더 큰 문제는 A업체가 금융감독원 보안성 심의를 신청할 자격조차 없다는 것이었다. 보안성 심의가 은행이나 카드, 전자결제 대행 업체(PG)만 신청할 수 있다는 규정이 있었기 때문이었다.

결국 애써 개발한 기술이 공중에 붕 뜰 위기에 놓였다. 온라인 쇼핑몰에 가니 카드 회사 허락을 받아오라고 하고, 카드 회사에 가니 금융감독원 승인이 필요하다고 하는데 막상 금융감독원에 가니 심의를 받을 자격이 없다는 결론이 나왔다.

A업체는 PG 업체 한 곳과 손잡고 금융감독원의 보안성 심의를 받을 수 있는 자격은 갖췄지만 방대한 양의 심의 기준을 통과하려다 보니 관공서만 구두 뒤축이 닳도록 돌아다니며 8개월의 시간을 허비했다. 시류에 민감하고 남들보다 하루라도 빨리 시장을 선점해야 하는 핀테크 기술의 특성상 골든타임을 놓쳤다는 평가가 나오는 이유다.

H대표 스토리는 한국 정부의 '핀테크 대못'으로 불리며 핀테크 규제가 일부 완화되는 데 결정적인 구실을 했다. 신기술을 하나 시장에 정착시키는 데 관공서를 8개월 넘게 '뺑뺑이' 돈 스토리가 널리 회자됐기 때문이었다.

급기야 정부는 2015년 1월 핀테크 산업 활성화를 꾀한다는 명분으로 '보안성 심의 폐지' 카드를 꺼내 들었다. 당시 금융 당국의 키워드는 "사전 규제에서 사후 규제로 방향을 선회해 우수하고 편한 서비스가 많이 나오도록 하겠다"는 것이었다. 새로운 핀테크 서비스를 개발하고 보안성 심의 문턱에 걸려 출시 시기를 놓치는 사례를 막겠다는 취지도 덧붙였다.

이어 A업체는 다음 달인 2월 보안성 심의를 통과하는 기쁨도 누렸다. 보안성 심의가 폐지되었기에 심의 여부를 기다릴 필요가 없었지만 폐지 이전에 접수된 건에 대해서는 심사를 진행하겠다고 금융 당국이 밝힌 데 따른 것이다. A업체 처지에서도 간편결제 서비스가 해킹으로부터 안전 하다는 취지의 결론을 금융 당국에서 인정받고 싶은 욕구가 있었다. 그 렇게 2월에 보안성 심의가 통과된 직후 이 업체는 서비스 출시일만 저울 질할 것으로 업계에서는 내다보고 있었다.

하지만 정작 서비스가 상용화된 것은 그보다도 8개월이 지난 10월이 었다. 8개월 동안 도대체 무슨 일이 일어난 것일까? 뒤이어 나온 것은 민 간이 민간을 규제하는 '민민규제' 릴레이였다. 금융 당국이 보안성 심의 를 폐지하고 나선 목적은 정부가 획일적으로 규제하는 것에서 벗어나 금 융회사가 자율적으로 필요한 장벽을 치도록 큰 틀에서 관리·감독만 하 겠다는 취지였다.

하지만 막상 일선 금융회사들은 깐깐한 잣대를 들이대기 시작했다. 오히려 모든 규제 권한을 정부가 틀어쥐고 있을 때 금융회사는 더 손쉬 운 측면이 있었다. 정부의 가이드라인만 믿고 그대로 따르면 추후 문 제가 발생하더라도 "정부가 시키는 대로 했는데 구멍이 뚫렸다"는 식으 로 면피용 발언을 할 수 있기 때문이다. 반대로 정부가 규제 권한을 내려 놓고 민간에 공을 돌리면 문제는 더 복잡해진다. 대형 정보 유출 사태라 도 터지면 카드사들이 전부 책임을 져야 한다. 자율 규제에 익숙하지 않 은 금융회사 처지에서는 몸이 움츠러들 수 있는 이슈다.

결국 상당수 금융회사들은 또 한 번 '뺑뺑이'를 돌렸다. A금융사에 보안성 평가를 의뢰하면 "B금융사는 뭐라고 하던가요?"를 먼저 확인하더라는 것이다. B금융사에 물어보면 C금융사 현황을 물어보고 C금융사에서는 D금융사의 결정을 묻는다. D금융사를 찾아가면 다시 A금융사의 움직임을 물어보니 업체 처지에서는 속이 탈 노릇이었다. 몇몇 금융회사는 "혹시 모를 사고에 대비해 꼼꼼한 점검이 필요하다"는 견해였지만 이역시 변명이라는 목소리가 높았다. 보유한 기술에 자신이 없으니 경쟁사의 움직임을 보고 뒤따라 결정하겠다는 것이다. 선도자가 짊어져야 하는 리스크를 굳이 짊어지지 않겠다는 전략이었다. H대표는 "하루가 급한데 일에 진척이 없으니 속이 바짝바짝 탔다. 하지만 뾰족한 수가 없어 정신없이 뛰어다니는 것 말고는 방법이 없었다"고 말했다.

결국 보다 못한 금융감독원이 나서면서 꼬여 있던 매듭이 풀리기 시작했다. 금융감독원이 자율 규제를 도입한 이후 시장이 어떻게 돌아가고 있는지 현황을 파악해보겠다고 나선 것이다. 심상찮은 분위기를 느낀한 금융회사가 전격 A업체와 손을 잡자 일사천리로 문제가 해결됐다. 금융회사들이 줄줄이 제휴를 선언한 것이다. 하지만 기술 완성부터 서비스 출시까지 잃어버린 골든타임 1년 7개월은 회복할 방법이 없다. H대표는 "서비스 출시가 늦어져 아쉬운 것은 사실이지만 이제부터라도 열심히 해보려고 한다"고 말했다. 오랜 기간 정부의 입김에 길들여진 금융회사에 자유가 주어지자 이를 제대로 활용하지 못하는 부작용이 나타난 것이다. 업계 관행으로 굳어진 '관치 금융'의 폐해가 나타난 것이다.

애매한 규제가 발목을 잡다

2015년 3월에서 6월까지 벌어진 해프닝을 예로 들어 금융당국의 핀테크 규제의 후진성을 설명해보고자 한다. 핀테크 기업에게 클라우드 컴퓨팅은 아주 쓸만한 아이템 중 하나다. 클라우드 컴퓨팅은 기업의 입장에서는 데이터베이스를 비롯한 전산 설비를 갖추지 않아도 이를 빌려 사용하는 방식으로 비용절감을 할 수 있는 혁신적 솔루션이다. 저장장치, 서버를 비롯해 회사 운영에 꼭 필요한 전산 설비를 직접 설치하지 않고 필요한 만큼 빌려 쓰고 요금을 내는 식이다. 창의적인 아이디어 하나로 창업해야 하는 핀테크 기업 입장에서는 여간 요긴한 것이 아니다.

미국에서 유명한 모바일뱅킹 업체 중 말라우자이(Malauzai)란 곳이 있다. 미국 내 지역 은행들은 '픽처 페이(Picture Pay)'로 불리는 이 회사의 모바일 고지서 결제시스템을 애용한다. 스마트폰 카메라로 고지서 사진을 찍으면 스마트폰이 결제 정보를 인식해 바로 공과금을 낼 수 있게 해주는 혁신적인 시스템을 갖추고 있어서다. 이 회사가 개발한 선도 제품 중 하나가 클라우드 컴퓨팅이다. 영국 보험회사 아비바(AVIVA), 호주 커먼웰스은행, 스페인의 방킨테르(Bankinter) 은행, 스페인 산탄데르 은행, AXA 그룹의 멕시코지사, 나스닥등 덩치가 큰 금융사들이 클라우드 컴퓨팅을 사용하는 사례도 부지기수다.

그런데 2015년 3월에 핀테크 기업이 클라우드 컴퓨팅을 쓸 수 있는지 여부를 놓고 업체와 금융당국 간 거센 논쟁이 붙었다. 핀테크 기업들은

금융당국이 핀테크 기업이 클라우드를 쓸 길을 모두 막아놨다는 입장이
었고, 금융당국은 얼마든지 쓸 수 있게 해놨는데 왜 그런 소리를 하느냐
고 반문했다. 상황 이해를 위해 금융위원회가 2013년 제정한 '금융회사
의 정보처리 및 전산설비 위탁에 관한 규정' 제4조와 제6조를 소개한다.

<금융회사의 정보처리 및 전산설비 위탁에 관한 규정>

제4조(정보처리의 위탁)

① 금융회사는 인가 등을 받은 업무를 영위함에 있어 정보처리가 요구되는 경우,
   이를 제3자에게 위탁할 수 있다. 다만, 업무를 수탁하는 자가 해외에 소재하
   는 경우에는 위탁 금융회사의 본점·지점 및 계열사로 한정한다.

② 제1항의 규정에도 불구하고 다음 각 호의 어느 하나에 해당하는 경우는 정보
   처리를 위탁할 수 없다. 다만, 다음 제2호의 경우 금융감독원장이 허용하는
   방식에 따라 코스콤 또는 저축은행중앙회에 원장 등의 관리를 위탁하는 경
   우는 제외한다.

  1. 관련 법령에서 해당 업무의 위탁을 금지하고 있는 경우

  2. 최근 3년 이내에 금융이용자의 정보관리, 감독관련 자료 제출 등 감독기관의 검사와
     관련한 사항으로 기관경고 이상의 제재 또는 형사처벌을 2회 이상 받은 경우. 이미
     위탁된 경우라도 최근 3년 이내에 전단의 사유로 인한 제재 또는 처벌이 3회 이상 누
     적될 경우, 금융감독원장은 위탁업무와 관련하여 자료제출 및 보완요구 등 감독상 필
     요한 조치를 할 수 있다.

  3. 기타 업무의 위탁으로 인하여 당해 금융회사의 건전성 또는 신인도를 크게 저해하거
     나, 금융질서의 문란 또는 금융이용자의 피해 발생이 심히 우려되는 경우

③ 금융회사는 제1항에 따른 정보처리 위탁계약을 체결할 경우 데이터에 대
   한 접근통제, 전산사고 등에 따른 이용자 피해에 대한 위·수탁회사간의
   책임관계, 수탁회사에 대한 감독당국의 감독·검사 수용의무, 수탁회사

의 분쟁해결 과정에서의 재판관할 등 별표1의 표준계약내용을 반영하여, 위탁에 따라 발생할 수 있는 책임관계를 명확히 하여야 한다. 다만, 금융회사는 금융위원회가 승인하는 경우에는 표준계약내용 중 일부를 수정하여 반영할 수 있다.

④ 제1항에 따라 정보처리를 위탁받은 자는 위탁받은 업무를 제3자에게 재위탁할 수 없다. 다만, 금융이용자 보호, 금융감독권한 행사 가능성을 저해하지 않는 범위 내에서 금융감독원장이 인정하는 경우에는 재위탁할 수 있다. 이에 따라 정보처리를 재위탁하는 경우 정보처리 위탁에 관한 본조 제2항·제3항, 제5조, 제7조, 제8조를 준용한다.

⑤ 제1항에 따라 정보처리를 위탁받은 자는 정보처리 과정에서 이전받은 정보를 당초 위탁의 범위를 초과하여 다른 목적으로 활용할 수 없다. 다만, 해당 정보 주체의 동의를 얻은 경우는 동의의 범위 내에서 활용할 수 있다.

⑥ 제1항에 따라 정보처리를 위탁하는 경우, 위탁된 처리와 관련한 전산설비 및 인력 등은 관련 법령상 인허가를 위한 전산설비 및 인력 구비 요건 등의 충족 여부를 판단시 고려한다. 다만, 제6조 제2항에 따라 국외위탁이 제한되는 전산설비는 제외한다.

⑦ 제1항에 따라 정보처리를 위탁하는 경우, 위탁회사는 수탁회사가 이 규정 등 관계법령 및 별표1의 표준계약내용상 의무를 위반하여 발생하는 정보주체 및 이용자의 손해에 대해 수탁회사와 연대하여 책임을 진다.

제6조(전산설비의 국외위탁)

① 금융회사는 금융위원회의 승인을 얻어 정보처리의 위탁과 관련한 설비를 국외의 본점·지점 또는 계열사에 위탁할 수 있다.

② 제1항의 규정에도 불구하고 금융이용자의 보호 및 금융감독 목적 달성을 위하여 금융위원회는 다음 각 호의 어느 하나에 해당하는 경우 금융회사별 특성을 고려하여 관련 설비의 국외위탁을 제한할 수 있다.

1. 금융이용자의 보호 및 금융감독 목적상 필요한 금융거래 관련 원장
2. 금융이용자에 대한 서비스와 직접적으로 관련이 있는 업무를 처리하는 설비. 다만,
   금융이용자군 및 취급상품의 특성상 국경간 이동서비스가 불가피하다고 인정되는
   업무를 처리하는 설비는 제외한다.
3. 국내 외부기관과 연결되어 있어 해외에 두기 부적합한 전산설비
4. 해외에 두는 경우 금융이용자에 대한 서비스 품질, 보안성 및 재해 복구 시간 등 관련
   법령에서 정한 요건을 준수하지 못하게 되는 전산설비
5. 상기 각 호의 전산설비를 지원하는 데이터 네트워킹 기반 시설 및 전산 보안설비

③ 금융위원회는 제1항에 따른 금융회사의 정보처리 설비 위탁 신청을 승인
   할 때에 다음 각 호의 요건에 대한 충족 여부를 확인하여야 한다.
1. 관련 기능의 수행에 충분한 성능의 전산설비 및 관련시설 확보
2. 전산사고 및 정보유출 방지를 위해 적절한 전산설비 보호대책 구비
3. 전산사고 발생 시 업무지속성 확보방안 및 합리적인 이용자 피해구제절차 구비 여부
4. 전산설비 운영 등에 대한 감독기관의 실질적 감독가능성
5. 「전자금융감독규정」 제36조에 따른 보안성 심의 대상인 경우에는 그 통과 여부

독자들은 이게 무슨 말인지 잘 이해가 가지 않을 것이다. 전문가들이
봐도 어려운 말 일색이다. 찬찬히 살펴보자면 겉으로는 가능한 듯 보이
지만 실제로는 문제가 불거질 요지가 다분한 규정이다.

4조에는 금융회사 신인도를 저해하면 위탁을 하지 못하게 규정돼 있
다. 업무의 위탁으로 인하여 당해 금융회사의 건전성 또는 신인도를 크
게 저해하거나, 금융질서의 문란 또는 금융이용자의 피해 발생이 심히
우려될 경우 위탁이 금지되도록 한 것이다. 6조에는 보안성 및 재해 복구
시간 등 요건을 준수해야 한다는 문구가 들어가 있었다. 규정이 지나치

게 모호하고 자의적인 해석이 가능하다는 비판의 목소리가 높았다.

실제로 금융회사가 클라우드를 자유롭게 이용하는 것은 사실상 불가능했다. 외국계 A생명사 임원은 "클라우드로 비용절감을 할 필요가 절실해 국내 굴지의 로펌과 협력해 금융위에 질의서를 보냈지만 끝내 답변을 받지 못했다"고 말했다. 다른 보험사 B 임원은 "금융위가 금융사가 클라우드 서비스를 이용할 수 없게 막아놓은 것은 업계 상식이었다. 어떤 업체도 금융위의 자의적인 해석 기준을 넘어설 수 없었다"고 말했다.

김태윤 한양대 교수는 "읽는 사람이 해석을 못 할 정도로 예외 규정을 복잡하게 만들어놓고 진입 장벽을 쳐놓았다. 금융위의 속내는 금융사가 클라우드 서비스를 이용하지 말라는 것"이라고 말했다. 익명을 요구한 한 교수의 말은 더 구체적이다. 그는 당시 금융위 고위관계자와 금융사 클라우드 서비스 관련 세미나를 함께 했는데 관계자가 "전산시설도 갖추지 못한 업체가 무슨 핀테크를 하겠다고 야단이냐. 한심해서 말도 안 나온다"고 발언했다는 것이다. 금융사가 클라우드 컴퓨팅을 쓰는 것에 대해 반대한 것이나 다름없다. 마이크로소프트, 오라클을 비롯해 클라우드 서비스를 제공하는 IT업체들은 금융사에서는 서비스에 관심이 많은데 금융위에 질의만 하면 묵묵부답이라 영업을 못 하니 속이 타들어 갈 지경이었다.

당시 이 같은 내용을 〈매일경제〉가 단독 보도하자, 금융위 담당자는 "예외 규정 요건을 다 충족하면 서비스를 쓸 수 있게 해놨는데 누구 말만 듣고 억지 기사를 쓰냐"며 거센 항의를 하기도 했다. 하지만 금융위의 주장은 채 3개월이 가지 않았다. 2015년 6월 '정보처리 위탁 사후규제 체계를 도입해 금융사 부담을 완화하겠다'는 내용의 보도자료를 발표하며 슬그머니 과오를 인정했다. 클라우드 서비스 사용이 막혀있다는 금융사와 핀테크 업체의 불만이 고조되자 압박을 이기지 못하고 비판 기사 요지를 대폭 수용한 것이다.

이런 식으로 금융당국의 규제는 보이지 않는 곳에 숨어있는 경우가 많다. 규정이란 것이 매우 모호하고, 이를 어떻게 해석하느냐에 따라서 결과가 달라지는 경우가 많으므로 핀테크 기업들은 어떻게든 일을 되게 하고, 보수적인 공무원들은 가급적 일을 안되게 하는 경우가 다반사다. 어찌 보면 규제기간인 금융위원회가 핀테크 산업을 장려하는 이율배반적인 업무를 맡았다는 것 자체가 구조적 문제다.

4 삼성페이의 현주소

삼성페이는 2015년 9월 대망의 미국 시장에 진입했다. 시장 진출 초기 성적표는 대성공이다. 미국의 주력 미디어가 잇달아 삼성페이 찬양에 나선 것이다. 삼성전자의 라이벌인 애플에 심정적으로 동조하는 미국 미디어가 삼성페이를 주목하고 나선 것은 이례적이다. 그만큼 삼성페이가 파괴력이 있다는 점을 드러낸 것이다.

〈월스트리트저널〉도 호의적인 체험기를 내놓았다. "애플페이는 스마트폰을 통한 결제는 간편하지만 (오프라인) 사용처를 찾기가 어렵다. 의심할 여지없이 삼성페이는 스마트폰 기술에서 일종의 도약이다. 매장에서 사용자가 신용카드를 긁는 인식기에 스마트폰을 대고 있으면 결제가 바로 된다. 기술을 탑재한 스마트폰이 구형 마그네틱 신용카드용 결제 단말기와 직접 통신을 하기 때문이다."

삼성페이는 갤럭시S6와 갤럭시노트5를 비롯한 삼성전자 최신 단말기에서 두루 쓸 수 있다. 앞으로 사용할 수 있는 단말기 숫자도 더 늘어날 것이다. 신종균 삼성전자 사장이 "향후 중저가 폰에도 삼성페이를 추가로 도입하겠다"고 밝힌 데 따른 것이다. 앞으로 삼성이 내놓는 모든 스마트폰에는 삼성페이를 쓸 수 있는 기능이 담겨 있다고 보면 된다.

〈월스트리트저널〉은 구글이 내놓은 안드로이드페이, 애플이 내놓은 애플페이와 삼성페이를 직접 비교하면서 삼성페이의 우수성을 드러냈다. 〈월스트리트저널〉은 "IT의 원더랜드인 샌프란시스코에서조차 애플페이나 안드로이드페이를 사용할 수 없었다. NFC를 지원하는 별도의 결제 단말기가 없기 때문이다. 미국에서 50만 개가 넘는 매장이 NFC 기술을 지원하는 단말기를 갖추고 있지만 전체 매장 중에서 극소수"라고 평가했다.

하지만 삼성페이는 아직 단점도 갖고 있다. 〈월스트리트저널〉 역시 예리한 눈으로 삼성페이의 약점을 들춰낸다. 샌프란시스코 시내 제과점에서 벌어진 대화의 일부를 흥미롭게 소개한다. 제과점 직원은 별도의 단말기가 없기 때문에 스마트폰 결제가 안 된다고 주장하고, 반대로 시범 서비스 체험에 나선 기자는 분명히 된다며 직원을 설득했다는 것이다. 삼성페이가 누구나 쉽게 결제할 수 있는 수단이라는 점이 널리 홍보되기 전까지는 매장마다 이런 실랑이가 벌어지는 것을 피할 수 없다는 말이기도 하다.

스마트폰의 보안을 우려하는 몇몇 이용자를 설득해야 하는 과정도 남아 있다. 스마트폰을 잃어버리면 어떻게 하나, 혹은 스마트폰이 해킹당해 내 결제 정보가 유출되면 어떻게 하나 등의 부정적인 인식은 언제든 삼성페이 확산의 장벽이 될 수 있는 요소다.

좀 더 깊숙이 들어가면 매장에서 생각만큼 결제가 잘 이뤄지지 않을 가능성도 조금은 남아 있다. 기술적인 문제는 아니고 문화적인 문제다. 필자가 실제 경험해본 사례에 입각한 우려다.

삼성페이 시범 서비스 기간에 명동의 한 커피숍에 들어가 커피와 주스를 주문하고 삼성페이 결제를 시도한 적이 있다. 그런데 수차례 결제를 시도했는데도 결제 승인이 떨어지지 않는 것이었다. 기술적으로 결제가 안 될 수 없는 상황이었기에 필자는 무척이나 당황했다. 싸늘한 시선으로 '이 사람이 도대체 뭘 하고 있느냐'는 식으로 노려보던 매장 직원의 차디찬 얼굴은 더욱 고역이었다.

결국 삼성페이로 결제하는 것을 포기하고 신용카드를 꺼내 서둘러 결제를 마쳤다. 자리에 앉아 음식을 먹으면서 곰곰이 생각해봤다. '어째서 결제가 되지 않은 것일까' 하고. 해답은 정말 간단한 곳에 있었다.

흔히 매장에서 신용카드로 결제하기 위해서는 POS 단말기로 불리는 결제 장치에서 '결제' 버튼을 눌러야 한다. 이는 결제를 카드로 받겠다는 뜻으로 "나는 준비가 되었으니 신용카드를 긁어주세요"라고 기계에 준비를 시키는 과정이라고 볼 수 있다.

그런데 삼성페이 결제에 생소한 직원은 손님이 느닷없이 스마트폰으로 결제하겠다며 휴대전화를 들이밀자 마뜩잖은 시선으로 결제 버튼을 누르지 않은 것이다. 의도적으로 누르지 않았다는 얘기가 아니라 눌러야 할 필요성을 느끼지 못했다는 얘기다.

준비가 안 된 결제 단말기에 아무리 삼성페이 스마트폰을 들이밀어봐야 결제가 이뤄질 리 만무한 것이다. 삼성페이가 누구나 쉽게 활용할 수 있는 범용 수단이 되기 전까지 이 같은 혼란은

삼성페이로 가게에서 결제하는 모습.

피할 수 없을 것이다. 손님이 결제할 때마다 "이것은 신용카드를 스마트폰에 넣은 방식이니 신용카드로 결제할 때와 같은 방식으로 결제 버튼을 눌러주세요"라고 말하기도 귀찮은 일이니 차라리 지갑에서 신용카드를 꺼내는 게 낫다고 생각할 수 있다.

미국 시장에 앞서 국내에 출시한 삼성페이는 순항 중이다. 2015년 8월 20일 삼성페이 공식 서비스가 시작한 지 8일 만에 카드 등록 20만 장을 돌파했다. 지금까지 카카오페이, 페이나우, 네이버페이 등 여러 간편결제가 한국에도 많이 나왔지만 오프라인에 강점을 가진 간편결제 수단은 사실상 삼성페이가 첫 번째였다. 아무 매장이나 가도 손쉽게 스마트폰으로 물건을 살 수 있다는 장점이 알려지며 얼리어답터의 눈길을 단단히 사로잡은 것으로 보인다.

시장조사 기관인 가트너에 따르면 2015년 글로벌 모바일 결제 시장 규모는 4,311억 달러(약 474조 2,100억 원) 정도다. 알리바바, 이베이, 아마존, 구글, 애플을 비롯한 글로벌 최고 업체들이 잇달아 페이 전쟁에 뛰어드는 이유다. 하지만 삼성페이는 압도적으로 오프라인 결제가 편하다는 강점이 있어 앞으로도 꾸준히 순항할 가능성이 높다.

잘나가는 삼성페이가 증시에 어떤 영향을 줄지도 관심거리다. 일단 보안 관련 기업군이 1차 수혜자로 전망된다. 삼성그룹의 보안 플랫폼 녹스(KNOX) 관련 업체인 라온시큐어 등이 대표적이다. 한국전자인증은 바이오 정보를 결합한 공인인증 서비스를 개발하기로 했는데 2015년 8월 4,500원 선이던 주가가 한 달 만에 세 배 가까이 오르기도 했다. 인터넷 보안 전문 업체인 이니텍, 음성 인식 보안 서비스를 제공하는 브리지텍도 가파른 상승세를 보였다.

삼성전자가 마그네틱 결제 기술을 가진 루프페이를 인수할 당시만 하더라도 시장 안팎에서 좋은 평가를 이끌어내지는 못했다. NFC 기반의 첨단 결제 도구가 쏟아지고 있는데 한물간 신용카드 방식의 결제 회사를 인수해서 뭐에 써먹겠느냐는 조롱을 받기도 했다. 하지만 결론적으로 삼성의 루프페이 인수는 신의 한 수였다. 스마트폰에 결제 기술을 결합시키는 방식으로 추가로 결제 단말기를 깔지 않아도 전 세계 오프라인 간편결제 시장을 두루 공략할 수 있는 한 방을 갖추게 됐다.

삼성페이는 보안 측면에서도 우수하다. 삼성페이는 결제가 일어나는 과정을 스마트폰 바깥에서 일어나게 한다. 쉽게 설명해 스마트폰을 해킹해도 결제 정보 등이 외부로 유출되지 않는다는 얘기다. 기껏해야 유효기간이 몇십 초인 1회용 비밀번호를 생성해 외부 서버와 비밀번호를 매개로 정보를 주고받는다. 해커가 이렇게 오가는 정보를 탈취해 1회용 비밀번호를 알아내도 이를 바탕으로 다음번 결제를 유도할 수 없는 방식이다.

하지만 이렇게 공을 들인 삼성페이가 성공해도 당장 삼성전자에 큰돈을 벌어주지는 못한다. 삼성전자는 삼성페이에 참여한 신용카드사를 상대로 일체의 수수료를 받지 않기로 했다. 아무리 삼성페이로 결제가 일어나도 삼성전자는 한 푼도 못 가져간다는 얘기다. 그런데도 삼성은 삼성페이의 흥행에 다 걸고 있다. 그 이유는 어디에 있을까.

사실 삼성전자 처지에서 삼성페이는 삼성 스마트폰을 더 멋지게 보이게 하기 위한 장식품 같은 존재다. 애플의 아이폰은 물론 치고 올라오는 중국 스마트폰에서는 쉽게 구동하기 힘든 '손안의 지갑'을 삼성전자 스마트폰에서는 쓸 수 있다고 홍보하기 위해서다. 삼성전자가 삼성페이의 수수료를 받지 않기로 한 것도 같은 맥락이다. 수수료를 받아 카드 회사 밥그릇을 빼앗으면 카드 회사는 삼성페이 생태계에 들어올 필요를 덜 느끼게 된다. 이는 삼성페이가 범용성을 갖추는 데 장애 요인으로 작용한다. 이럴 바에는 차라리 수수료를 받지 않고 기술을 무료로 공개해 어떤 카드 회사도 삼성페이 진영에 합류할 수 있게 길을 열어놓는 게 훨씬 낫다는 판단을 내린 것이다. 대신 이를 마케팅 포인트로 활용해 아이폰을 살까, 갤럭시를 살까 고민하는 소비자의 눈길을 갤럭시로 잡아놓는 것이 장기적으로는 훨씬 큰 이득이라고 판단했다는 얘기다.

윌 그레일린 루프페이
CEO 인터뷰

"글로벌 기업 삼성과 핀테크 스타트업 루프페이의 만남은 환상적인 시너지 효과를 낼 것입니다. 삼성을 통해 전 세계 결제 시장을 장악할 수 있는 절호의 기회를 얻었습니다." 윌 그레일린 루프페이 CEO는 2015년 4월 〈매일경제신문〉과 이메일로 단독 인터뷰하면서 이같이 말했다.

미국 변방의 기술력 있는 핀테크 기업이 글로벌 모바일 강자인 삼성과 만나 전 세계를 상대로 기술을 선보일 기회를 얻었다고 그는 평가했다.
삼성과 루프페이의 만남은 글로벌 핀테크 흐름을 단숨에 바꾼 사건으로 평가됐다. 지금까지 핀테크 기업의 성공 스토리는 2014년 말 미국 뉴욕증권거래소에 상장한 온덱과 렌딩클럽처럼 기술을 개발해 IPO까지 혼자 힘으로 끝내는 것이 트렌드였다. 하지만 글로벌 기업과 손잡고 시너지 효과를 내는 방식으로도 얼마든지 성공할 수 있다는 것을 삼성페이 사례가 보여준다.

그레일린 CEO는 "애써 개발한 결제 기술을 어떻게 최대한 보급할 수 있을까가 가장 큰 화두였다. 마침 삼성 측에서 인수를 타진해와 천재일우의 기회를 얻었다"며 기뻐했다.

그는 "핀테크 생태계 전체를 조망해 내가 속한 기업이 무엇에 강점이 있는지를 냉정히 살펴야 한다. 다른 기업과 합쳐 더 잘할 수 있다면 과감하게 파트너를 찾아야 한다"고 말했다.

그레일린 CEO는 "사용자를 확보하는 것이 최대 관건이었던 루프페이가 삼성과 만나 기량을 만개한 것이 대표 사례다. 혼자 힘으로 해야 할지, 아니면 글로벌 기업의 등에 올라타야 할지를 정확히 판단해야 살아남는다"고 진단했다.

한국에서 벌어지는 페이 전쟁

삼성페이를 비롯해 네이버페이, 안드로이드페이 등 국내에서 쓸 수 있는 간편결제 숫자는 무려 20개가 넘는다. 도대체 뭐가 다른 걸까.

간편결제를 들고나온 회사도 업종별로 다양하다. 스마트폰 단말기를 만드는 삼성전자, IT 기업인 카카오, 네이버와 구글, 통신사인 KT(모카페이), SK텔레콤(시럽페이), LG유플러스(페이나우)가 줄줄이 뛰어들었다. 유통 업체인 롯데와 신세계, G마켓, 인터파크도 각자 개발한 간편결제 솔루션이 있다. 게임 업체로 시작해 사업 다각화에 나서는 NHN엔터테인먼트의 페이코 서비스도 눈길을 끈다.

가트너에 따르면 2013년 2,354억 달러(약 258조 9,400억 원) 수준이었던 글로벌 간편결제 시장은 2015년 4,311억 달러(약 474조 2,100억 원)로 무려 83.1% 증가했다. 2017년에는 시장 규모가 7,214억 달러(약 793조 5,400억 원)에 달할 것이라는 전망이 나온다. 통계청이 집계한 국내 모바일 결제 시장 규모 역시 2013년 1분기 1조 1,270억 원에서 2015년 2분기 5조 7,200억 원으로 2년여 만에 다섯 배 이상 성장했다.

하지만 너무 많은 '페이' 서비스가 쏟아져나와 소비자는 뭐가 뭔지 헷갈릴 정도다. 서비스마다 뭐가 다른지, 나에게 맞는 서비스가 무엇인지를 정확히 알아야 혼란을 피할 수 있다.

일단 간편결제를 크게 두 가지로 나누면 온라인과 오프라인 전용으로 가르마를 탈 수 있다. 물론 두 서비스 모두를 이용할 수 있는 간편결제 서비스도 있지만 어디에 방점이 찍혀 있느냐가 조금씩 다르다.

오프라인 시장에서 가장 주목할 만한 간편결제 서비스는 단연 삼성페이다. 루프페이 기술이던 마그네틱 전송 방식(MST) 기술이 달려 있어 삼성페이 기능을 탑재한 스마트폰으로 신용카드 결제가 되는 대다수 가맹점에서 서비스를 바로 쓸 수 있다. 사용 방식도 간단하다. 홈 버튼을 위로 쓸어올려 등록해놓은 카드를 불러낸 뒤 지문 인증을 하고 곧바로 신용카드 단말기 근처에 스마트폰을 가져다 대기만 하면 된다. 삼성페이가 되는 갤럭시 단말기만 있으면 언제 어디서나 간편결제를 쓸 수 있어 편리하다. MST 방식 이외에 NFC 방식도 지원한다.

NHN엔터테인먼트가 서비스하는 페이코도 오프라인 시장에서 유용하게 쓸 수 있는 서비스다. 이를 위해 서울시 교통카드로 유명한 한국스마트카드와 손잡았다. 오프라인 시장에 깔린 티머니와 직접 연계할 수 있다. 그 덕에 온라인과 오프라인 20만여 개 가맹점을 단숨에 확보했다. 교통카드로도 바로 쓸 수 있다. NFC 기능을 지원해 지하철이나 버스에서 실시간 결제가 되기 때문이다. 출시된 지 한 달여 만에 150만 가입자를 확보한 비법이다.

반면 카카오와 네이버는 간편결제를 바라보는 시각이 좀 다르다. 온라인 위주다. 카카오의 핀테크 앱인 뱅크월렛카카오를 쓰면 오프라인 결제가 되는 곳도 있지만 쓸 수 있는 곳이 별로 없다. 주로 온라인에서 쓰이는 '카카오페이'를 쓰면 카카오 내 쇼핑몰 등에서 미리 입력해둔 번호만 누르면 곧바로 결제할 수 있다. 한국에서만 4,000만 명에 육박하는 모바일 메신저인 카카오톡의 사용자 기반이 탄탄하다. 출시된 지 1년 만에 가입자 500만 명을 확보했다.

네이버의 네이버페이는 네이버 아이디로 온라인에서 결제하거나 돈을 보내고 적립하는 서비스다. 기존 온라인 결제 서비스는 네이버 체크아웃, 네이버 캐시 등을 통합해서 만들었다. 오프라인에서는 쓸 수 없는 온라인 전용 서비스다. 카카오페이와 마찬가지로 네이버에 입점한 쇼핑몰에서 물건을 살 때 간편하게 결제할 수 있도록 도와주는 역할을 한다.

오픈마켓이나 유통 업체가 내놓는 간편결제 서비스도 다 자사 서비스 위주다.

2015년 3월 티켓몬스터가 내놓은 티몬페이, 5월에 SK플래닛이 선보인 시럽페이도 같은 맥락이다. 신세계는 이마트나 신세계백화점을 비롯한 신세계 계열 온라인과 오프라인 매장에서 쓸 수 있는 SSG페이를 2015년 7월 내놓았다. 신세계와 유통 업계에서 쌍벽을 이루는 롯데가 비슷한 서비스인 엘페이를 9월에 내놓은 것은 필연적인 결과였다. 뒤이어 현대백화점이 H월렛을 10월에 선보였다.

여기저기서 우후죽순 비슷한 서비스가 나오다 보니 "과연 이게 간편결제인가"라는 의구심이 싹트고 있다. 소비자의 혼란만 가중되고 있다는 지적도 나온다. 이런 목소리가 나오는 것도 전혀 무리가 아니다. 업체별로 간편결제 서비스를 자사 서비스 보호 장치로 활용하려는 까닭에 모든 업계를 아우르는 진정한 간편결제 서비스가 나오지 못하고 있기 때문이다.

예를 들어 네이버와 티켓몬스터, 롯데백화점과 현대백화점을 주로 다니는 소비자가 간편결제를 이용하려면 이들 네 곳이 내놓은 간편결제 서비스에 모두 가입해야 한다. 호환성이 극도로 떨어지다 보니 소비자의 불편이 가중되는 것이다. 결국 요새 나오는 '페이' 서비스는 진정한 간편결제라기보다는 기존 결제 단계를 몇 단계 줄여놓은 것에 불과하다는 지적이 나온다.

승자는 누구?

워낙 간편결제가 난무하다 보니 간편결제를 도입해야 할 대형 가맹점이 갑 노릇을 하고 있다는 얘기도 나온다. 가맹점 처지에서는 핀테크 업체가 돈을 들여 만든 간편결제를 자사 쇼핑몰에 붙일 때 그에 상응하는 값을 치르는 게 논리적으로 맞는 얘기다. 하지만 간편결제 업체들이 일단 시장을 넓혀야 한다는 압박감에 오히려 돈을 내면서까지 가맹점 잡기에 혈안이 되고 있다고 한다. 예를 들어 특정 간편결제 서비스를 처음 시작할 때 마케팅용으로 수천 원가량 무료 쿠폰을 주는 경우가 많은데, 이 비용을 모두 쇼핑몰에 입점한 간편결제 업체들이 부담하고 있다는 얘기다.

그나마 '국민 메신저' 카카오톡을 보유한 카카오가 과감한 시도를 할 여지가 큰 편이다. 카카오톡의 대중성을 살려 여러 업체와 제휴하기 편하기 때문이다. 2015년 하반기 서울시와 '핀테크 기반 간편 거래 세금 납부 시스템 구축·운영을 위한 양해각서'를 체결한 것이 대표적이다. 시스템 구축이 완료되는 대로 자동차세, 주민세, 지방세 등을 카카오페이로 낼 수 있게 된다. 그해 5월에는 한국전력과 전기요금을 카카오페이로 결제하기로 업무 협약을 맺은 바 있다. 온라인 전업 보험사인 교보라이프플래닛은 카카오페이로 보험료를 결제할 수 있도록 했다.

달아오르는 '페이' 전쟁이 진정 국면에 접어들려면 어느 정도 시간이 경과해야 할 것으로 보인다. 한꺼번에 쏟아진 간편결제 서비스 중에 시장 지배력이 있는 '힘센 한 놈'이 나와야 시장이 정리될 수 있다.

일단 오프라인 시장에서는 삼성페이가 힘을 받을 것으로 보인다. 90%가 넘는 가맹점에서 바로 쓸 수 있는 편의성을 앞세워 시장을 조기에 장악할 가능성이 높다. 다만 삼성페이를 쓸 수 있는 단말기가 최신 단말기로 제한되어 있는 점은 한계다. 이는 삼성전자가 삼성페이 자체로 돈을 벌기보다는 최신 단말기를 많이 팔기 위한 수단으로 삼성페이를 도입한 측면이 크기 때문이다. 삼성페이가 인기 행진을 이어간다면 소비자가 삼성페이를 써보기 위해 갤럭시 최신 단말기를 많이 살 것이라는 가정에서다.

온라인 간편결제 시장에서는 카카오톡을 가진 카카오페이와 네이버를 보유한 네이버페이가 유리하지만 결과를 예단하기란 쉽지 않다. 소비자의 생활 패턴에 따라 혜택을 줄 수 있는 간편결제 서비스가 다르기 때문에 누가 지배적 사업자가 될지 판단하기 힘들다.

따라서 당분간 온라인 간편결제 시장은 춘추전국시대가 불가피하다. 신용카드를 고를 때 소비자가 할인 혜택을 꼼꼼히 따지는 것처럼 간편결제 시장에서도 비슷한 상황이 벌어질 확률이 높다는 분석이 나온다.

이에 반해 미국과 중국에서는 페이팔과 알리페이라는 걸출한 사업자가 시장 지배적 지위에 오른 상태다. 페이팔은 2002년 7월 대형 온라인 마켓 이베이에 인수되면서 급속히 성장할 수 있었다. 이베이와 페이팔의 시너지 효과가 빛을 발한 사례다.

알리바바의 자회사인 알리페이는 타오바오, 알리익스프레스를 비롯한 계열 온라인 마켓 덕을 톡톡히 보고 있다. 막강한 온라인 마켓에서 나오는 결제 데이터가 규모의 경제 효과를 낼 수 있어 이를 기반으로 서비스를 확장할 수 있었다.

5 영국을 매혹시킨 한국의 가능성

"한국은 아시아를 선도하는 세계 최고의 핀테크 허브가 될 잠재력이 있어요. 반드시 그렇게 되도록 쌓아왔던 노하우를 총동원하겠습니다."

2015년 10월 한국을 방문한 영국 벤처기업 액셀러레이팅(육성) 업체 '엔틱(ENTIQ)'의 창업자 에릭 판데르 클레이는 기자간담회를 열고 이같은 포부를 드러냈다. 엔틱은 영국의 핀테크 액셀러레이터인 '레벨39'을 공동 설립해 운영하는 세계 시장에서 검증된 핀테크 육성 업체다. 핀테크 기업 초기 단계부터 여러 가지 조언을 통해 제작, 테스트, 판매에 이르기까지 전 과정을 지원한다. 투자자를 유치하기 위해 다리를 놔주는 일도 마다하지 않는다.

2013년 3월 영국 런던에 설립된 레벨39은 유럽 최고의 핀테크 액셀러레이터 중 하나다. 런던 금융의 한복판인 원캐나다스퀘어 빌딩에 될성부른 핀테크 스타트업을 입주시켜 세계 시장에 먹힐 만한 트레이닝을 시켜준다. 레벨39의 밥을 먹고 졸업해 두각을 나타낸 기업만 200여 곳에 달한다.

이날 클레이 창업자는 2015년 말까지 핀테크 육성 기관 '엔틱코리아'를 만들겠다고 선언해 좌중의 눈길을 단번에 사로잡았다. 최대 1,500억 원에 달하는 해외 자금을 끌어들여 펀드를 만든 뒤 국내 핀테크 업체에 투자하기로 방침을 정했다. 네 개 안팎의 공동 설립자와 힘을 합쳐 펀드를 조성하는 방식으로 단숨에 한국을 핀테크 아시아 리더로 성장시키겠다는 것이 클레이 창업자의 생각이다. 핀테크 허브 서울이 지원하게 될 한국 업체 숫자만 1년에 40~50개가 될 것으로 예측된다. 특히 핀테크 육성에 있어 공신력을 가진 엔틱의 지원 대상에 선정되는 것만으로 여러 투자자들의 눈길을 사로잡을 한 방이 될 수 있어 관심이 크다. 클레이 창업자는 "엔틱의 심사를 통과한 핀테크 업체는 글로벌 시장에서도 당장 얼마든지 통할 수 있다. 체계적인 육성을 통해 한국이 핀테크 강국이 되도록 힘쓰겠다"고 전했다.

이번에 한국에 세우는 엔틱코리아가 서울판 레벨39인 셈이다. 클레이 창업자는 레벨39의 한국 진출로 한국 핀테크 기업들의 위상이 올라갈 것으로 기대한다. 레벨39이 한국에 거점을 세우는 것 자체로도 유럽과 미국을 비롯한 글로벌 시장에서 한국 핀테크 업체들을 보는 시각이 달라질 것이라는 판단이다. 이웃 나라인 중국이나 일본 등의 핀테크 기업도 한국을 찾을 가능성이 제기된다. 원아시아를 이끄는 핀테크 성지로 서울이 부각될 수 있다는 뜻이다. 클레이 창업자는 "중국이나 일본을 비롯한 아시아의 핀테크 수요를 흡수하는 역할을 서울이 할 수 있다"고 설명했다.

클레이 창업자는 레벨39의 기관장을 맡으며 영국 정부와 함께 테크시티 개발을 총괄해 테크시티투자기관 초대 CEO를 맡기도 했다. 이번에 엔틱코리아 대표를 맡아 영국에서 일고 있는 핀테크 붐을 한국에 그대로 이식한다는 계획이다.

그는 핀테크 활성화를 위한 규제 완화 기조를 강조했다. 영국에서 지난 3년간 핀테크에 투자한 금액이 2억 달러(약 2,200억 원)에서 6억

2,000만 달러(약 6,820억 원)로 세 배 이상 늘었다는데 이 같은 퀀텀 점프는 핀테크를 차세대 성장 동력으로 믿고 규제를 혁신적으로 철폐한 영국 정부의 공이 컸다. 핀테크 분야에서 영국이 리더십을 보일 수 있게 된 핵심이 규제 완화라고 볼 수 있다. 그는 최근 핀테크 산업에 적극적인 한국 정부에 기대하는 바가 크다며 엔틱코리아를 설립하게 된 배경을 설명했다. 한국 정부가 핀테크 분야의 규제를 잇달아 풀면서 지원을 아끼지 않고 있어 방대한 잠재력을 체감할 수 있었다는 것이다. 클레이 창업자는 "한국 정부의 지원과 규제 완화 기조, 중국과 일본을 아우르는 아시아에서의 지정학적 위치를 종합해보면 서울이 핀테크 허브로 성공할 수 있는 가능성이 높다"고 설명했다.

그는 핀테크 기업을 창업하고 싶어하는 한국 대학생들에게 두려움을 버려야 한다고 강조했다. 실패에 대한 공포에 짓눌려 아무것도 하지 않는 것보다는 일단 회사를 만들어보고 세계 시장 문을 두드려보겠다는 자신감이 필요하다는 얘기다. 그는 "한국에서 핀테크 창업 열기를 확산하려면 창업에 뛰어들었다가 실패하더라도 재기할 수 있는 시스템이 꼭 필요하다"고 강조했다.

INTERVIEW

샤울 데이비드 인터뷰

샤울 데이비드 영국 무역투자청 핀테크 스페셜리스트는 영국 정부 소속으로 런던을 세계적인 핀테크 중심지로 만든 대표적 인사다.
2014년 말 런던에서, 2015년 5월 한국에서 두 차례에 걸쳐 인터뷰를 했는데 당시 오간 대화를 요약해본다.
"런던은 미국 뉴욕과 실리콘밸리에 전혀 뒤지지 않는 세계 최고의 핀테크 중심지로 떠오르고 있어요. 영국은 핀테크를 국가 차원의 신성장 동력으로 보고 적극적인 투자에 나서고 있기 때문이지요."

영국 런던에서 만난 샤울 데이비드 영국 무역투자청 핀테크 스페셜리스트.

한국에서 건너온 기자를 앞에 두고 그는 마치 세일즈맨처럼 신명 나게 얘기를 토해냈다. "핀테크는 영국 재무부의 아홉 개 중점 과제 중 하나였어요. 영국은 세계은행에서 발표한 금융 산업을 하기에 여덟 번째로 좋은 국가로 꼽혔어요. 특히 런던이 금융 기술이 뛰어난 만큼 기술을 결합해 핀테크를 육성하면 승산이 충분하다고 판단한 거죠."
그는 라이벌인 미국 뉴욕, 실리콘밸리와의 비교에도 자신감을 보였다. "물론 실리콘밸리나 뉴욕도 핀테크 산업의 중심지입니다. (미국이 영국보다 경제 규모가 크니까) 뉴욕에 가면 런던보다 투자를 더 잘 받을 수 있을지는 모르겠어요. 하지만 반대로 뒤집으면 영국에는 상대적으로 사이즈가 작고 저평가돼 있는 실력 있는 업체가 훨씬 많을 수 있다는 생각이 듭니다. 미국과의 경쟁은 피할 수 없어요. 건강한 경쟁이 되어야죠. 런던이 국제적으로, 특히 유럽 시장에 접근성이 높은 도시인 만큼 영국에서 시작하면 런던을 바탕으로 세계로 뻗어나가기 좋겠다는 생각을 많이 합니다."

그는 핀테크 활성화를 위해 런던 행정 절차를 대폭 간소화했다고 했다. "법인 설립 문서가 들어오면 런던 공무원은 팀으로 움직입니다. 예를 들어 어떤 업체가 새로운 비즈니스 모델을 만든다면 그 사업은 기존 규제의 틀에서 벗어난 경우가 많거든요. 그러니 관련 부서 공무원들이 하나로 뭉쳐서 신사업에 걸릴 만한 규제, 관련 규정을 일괄 컨설팅해주는 겁니다. 비공식적인 가이드도 받을 수 있지요."

그는 핀테크 육성에 나선 한국 정부에도 따뜻한 조언을 아끼지 않았다. 그가 가장 강조하고 나선 것은 핀테크 관련 제도가 먼저 변해야 한다는 것이다. "말로만 핀테크를 육성한다고 떠드는 것은 아무 소용이 없어요. 필요하다면 법률을 개정해서라도 제도의 틀을 꼭 만들어야 합니다."

특히 데이비드 스페셜리스트는 제도와 현실의 간극을 좁혀야 한다는 견해를 밝혔다. "정부가 생색내기용으로 제도 몇 개를 바꾸는 식이면 안 됩니다. 왜냐하면 바뀐 제도가 (여러 가지 보이지 않는 규제로) 현실에서 작동하지 않는 경우가 많아서죠. 충분한 크기의 금융시장 사이즈도 중요합니다. 그래야 핀테크 기업에 지원을 할 만한 투자 자금을 모을 수 있기 때문입니다."

인적자원의 중요성과 세금 혜택에 대한 중요성도 덧붙였다. "충분한 숫자의 인재가 꼭 있어야 합니다. 인재가 부족하면 길러내야 합니다. 아울러 성장을 촉진할 만한 세금 혜택도 강조하고 싶네요. 예를 들어 투자 기업들이 핀테크 기업 지분을 인수하면 추후 차액에 대해 세금을 덜 물리거나 하는 식이지요. 이런 식으로 핀테크 투자가 선순환 구도로 굴러갈 수 있게 판을 잘 짜야 좋은 결과를 기대할 수 있습니다. 핀테크 강국이 되는 길이 쉬운 것만은 아닙니다. 런던은 이 모든 것을 잘 해냈기 때문에 지금의 자리에 오를 수 있었어요."

6 핀테크가 넘어야 할 산, 보안과 사기

2015년 3월에 벌어진 일이다. 배우 이해인 씨가 5,000만 원을 사기당했다는 소식에 인터넷 세상이 한바탕 뜨거웠다. 그는 심경 고백 등을 통해 "인터넷을 하는데 금융감독원 사이트가 뜨더라. 휴대전화 번호를 등록해야 사기 범죄를 막을 수 있다고 해서 번호를 입력했다. 번호를 입력하니 전화가 왔다. 별 의심 없이 보안카드 번호를 입력했는데 은행에서 세 번의 출금 문자를 받았다. 뒤늦게 사기인 것을 깨달았다"고 전했다.

그는 "말로만 듣던 금융 사기 피해자가 될 줄은 몰랐다. 이사를 하려고 10년간 힘들게 모은 전 재산이 하루아침에 날아갔다"며 끝내 눈물을 보였다.

이씨는 인터넷을 하다가 뜬 '금융감독원 개인정보유출 2차 피해예방 등록'이라는 팝업창을 금융감독원 홈페이지라고 철석같이 믿었다. 아무 생각 없이 주민등록번호를 비롯한 개인 정보를 입력했다. 그러자 계좌에서 5,000만 원이 빠져나갔다. 이 같은 사기를 전문용어로 '파밍(Pharming)'이라고 부른다. 진짜 사이트를 똑같이 따라해 만든 불법 사이트에 접속하도록 유도하고 소비자의 신상을 털어가는 방식이다.

핀테크 시대를 맞아 이 같은 보안 위협에 시급히 대처해야 한다는 지적이 나온다. IT와 금융이 결합할수록 빈틈을 노린 해커들의 공습은 더 거세질 수 있다. 이제 막 싹트고 있는 한국 핀테크 생태계가 초기부터 해킹 사기로 얼룩지면 필연적으로 정부의 규제가 따라온다. 흉흉한 분위기에 금융권 보신주의가 더해지면 창의적인 핀테크 아이디어가 싹을 틔우는 데 장애 요소가 된다.

이미 파밍 사기에 의한 피해는 천문학적인 수준이다. 한국개발연구원(KDI) 보고서에 따르면 2014년 상반기 여섯 달간 파밍에 의한 사기 금액만 300억 원에 달한다. 한 달에 50억 원 가까운 돈이 몰래 빠져나갔다. 지능화한 해커는 들키지 않으려고 다수의 계좌 정보를 빼내 소액을 반복적으로 인출하기도 해 밝혀지지 않은 피해 금액은 이보다 훨씬 클 가능성이 높다. 소액 사기 건에 대해서는 귀찮아서 신고하지 않는 관행을 해커가 노린 것이다. 피해자 스스로 피해 사실을 알지 못하고 지나간 건도 상당수일 것으로 예상된다.

문제는 파밍 사기가 매우 쉽다는 데 있다. 파밍 사기는 해커가 PC에 미리 심어놓은 '악성코드'에서 시작한다. 정교하게 만들어진 악성코드 하나만 심으면 PC는 곧바로 해커가 조종하는 '좀비PC'로 전락한다.

파밍 사기에 대해 깊이 알기 위해 서울 강남에 있는 보안 업체 빛스캔을 방문한 적이 있다. 인터넷에 떠다니는 악성코드를 발견해 해결책을 제시하는 전문가들이 모여 있는 곳이다. 금융결제원과 제휴해 악성코드 감염 피해를 예방하는 솔루션을 제시한다.

피해 상황을 모아놓은 폴더를 보자 상황은 충격적이었다. 악성코드를 심은 PC나 스마트폰 카메라를 통해 개인 사생활이 무차별하게 노출되고 있었다. 노트북 컴퓨터 카메라가 화장실을 비추고 있는 탓에 용변을 보는 장면이 그대로 찍힌 피해자가 나올 정도다.

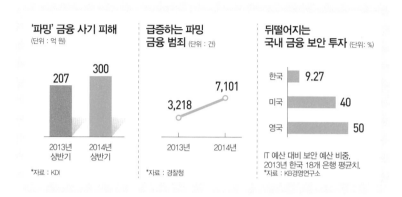

'파밍' 금융 사기 피해
(단위 : 억 원)

207 — 2013년 상반기
300 — 2014년 상반기

*자료 : KDI

급증하는 파밍 금융 범죄 (단위 : 건)

3,218 — 2013년
7,101 — 2014년

*자료 : 경찰청

뒤떨어지는 국내 금융 보안 투자 (단위: %)

한국 9.27
미국 40
영국 50

IT 예산 대비 보안 예산 비중.
2013년 한국 18개 은행 평균치.
*자료 : KB경영연구소

이뿐만이 아니다. 악성코드를 심은 PC는 해커가 원격으로 파일을 지우거나 복제할 수 있다. 사용자가 두드리는 키보드 자판 내역을 그대로 볼 수 있다. 해커 맘대로 PC를 두드리면서 각종 정보를 빼내는 것이다.

해킹의 씨앗이 되는 악성코드는 인터넷 공간 곳곳에 있다. 유명 인터넷 서점, 구직 사이트, 포털을 비롯한 유명 홈페이지 상당수에서 악성코드가 발견된다. 인터넷 서점 사이트에서 인기 작가 김영하의 신작을 사려고 관련 링크를 클릭했다가 곧바로 악성코드에 감염될 수 있다는 얘기다. 빛스캔에 따르면 일주일간 발견되는 악성코드 숫자만 2,000~3,000개에 달한다. 문일준 빛스캔 대표는 "아무리 조심해도 악성코드에 걸리지 않기란 사실상 불가능하다. 해킹 수법이 갈수록 전문화하고 있어 선의의 피해자는 앞으로 더 늘 것"이라고 말했다.

해킹 피해를 막으려면 수상한 거래를 미리 발견하는 시스템이 필요하다. 이를 전문용어로 '이상금융거래 탐지 시스템(FDS)'이라고 한다. 축적

된 데이터를 기반으로 평소와 다른 패턴의 데이터가 나오면 거래를 정지시키고 사기에 의한 거래인지 아닌지 확인하는 역할을 한다. 계좌로 소액을 주로 보내던 사람이 갑자기 수천만 원을 이체한다거나 평소 잘 안 쓰던 신용카드로 수백만 원의 결제가 일어나면 거래의 진행을 일단 막고 본인 확인을 해주는 식이다.

하지만 국내 금융회사의 FDS 도입률은 선진국 대비 크게 떨어진다. KB경영연구소와 업계가 조사한 바에 따르면 2015년 3월 기준 한국 금융회사 56곳 중 FDS를 설치한 곳은 23곳에 불과했다. 미국은 한국보다 훨씬 앞선 2008년 11월부터 FDS 사용을 의무화해 적용률이 100%에 가깝다.

2014년 기준 국내 18개 은행은 전체 IT 예산에서 보안에 투자하는 비중을 10% 미만인 9.27%로 가져갔다. 반면 선진국은 보안 투자가 최우선이다. 미국은 IT 예산의 40%를, 영국은 50%를 보안에 집중 투자한다. 핀테크 시대를 대비하기에 한국의 금융 보안 실력이 크게 부족하다는 지적이 나오는 이유다.

페이팔의 선조치, 후조사

전문가들은 이제라도 금융회사가 보안 분야에 집중 투자해야 한다고 조언했다. 특히 페이팔 사례를 주목할 만하다. 페이팔은 전 세계에서 해킹 공격을 가장 많이 받는 곳 중 하나로 꼽힌다. 페이팔로 거래되는 결제 건수 중 0.3% 안팎이 부정 거래로 분류된다. 1,000건의 거래 중 세 건은 사기 거래인 셈이다.

금융 사기에 대한 페이팔의 대원칙은 '선조치, 후조사'다. 피해가 발생하면 일단 소비자에게 배상 책임을 진다. 조사는 그다음에 한다. 그래서 페이팔을 쓰는 소비자는 혹시 모를 해킹 위험을 그다지 염려하지 않아도 된다. 만에 하나 사고가 터지더라도 페이팔이 보상해줄 것이라는 신뢰 관계가 생기는 프로세스다.

그 대신 페이팔은 보안에 엄청나게 투자한다. 페이팔은 2008년 금융 보안 업체 프라우드사이언스(Fraud Science)를 1억 7,000만 달러(약 1,870억 원)에 인수했다. 2015년 봄에는 이스라엘 사이버 보안 업체를 6,000만 달러(약 660억 원)에 샀다.

알리바바도 비슷한 시기에 이스라엘 사이버 보안 업체 '사이버아크'에 1,500만 달러(약 165억 원)를 넣었다. 보안이 강조되는 미국과 유럽 시장으로 보폭을 넓히려면 대대적인 투자가 필요하다는 전략적 판단을 내린 것이다.

미국 전자 금융 관련 법규도 이런 분위기 조성에 한몫했다. 미국은 해킹에 따른 금융 사기 피해에 대해 원칙적으로 금융회사가 입증 책임과 손해배상 책임을 지도록 규정한다. 금융 사고가 났을 때 소비자 보호를 우선시하는 문화가 금융회사의 보안 투자를 활성화시켜 해킹 피해를 막는 선순환 구도가 자리 잡은 것이다.

반면 우리나라는 사고가 났을 때 소비자가 돈을 돌려받기가 매우 힘든 구조다. 사고가 나면 소비자가 내 과실이 아니라는 것을 입증해야 하는 구조이기 때문이다. 경찰에 신고해서 관련 내용에 대해 금융회사에 책임이 있다는 조사 결과가 나와야 보상을 받는다. 금융회사는 정부가 정한 최소한의 보안 가이드라인만 지키면 대다수 책임을 면제받는다.

전자금융거래법 제9조 1항은 금융회사가 책임지는 사고의 기술적 유형으로 '접근 매체의 위변조로 발생한 사고', '계약 체결 또는 거래 지시의 전자적 전송이나 처리 과정에서 발생한 사고', '거짓이나 부정하게 정보통신망에 침입하여 발생한 사고' 등으로 한정한다. 해커가 쓸 수 있는 해킹 수단은 수백 가지에 달하는데 금융회사가 책임지는 사고 유형은 많아야 3~4개에 불과하다는 얘기다.

문일준 빛스캔 대표는 "해킹 사고가 나도 금융회사가 책임을 지지 않기 때문에 보안 투자에 인색한 악순환 구도가 생기는 것이다. 금융회사에 책임을 강화하는 방향으로 제도가 바뀌어야 보안 투자를 늘릴 수 있다"고 조언했다. 지금은 사고가 났을 때 소비자 과실 비율이 거의 100%에 가깝지만 이를 자동차 사고처럼 쌍방과실로 보고 상황에 따라 4대6, 7대3 식으로 합리적으로 배분해야 한다는 목소리가 나오는 이유다.

특히 핀테크 시대를 맞아 보안 문화와 제도 개선이 시급하다는 지적도 나온다. 금융의 역할을 할 수 있는 다수의 IT 업체가 쏟아지는데 보안이 걸림돌이 될 수 있기 때문이다. 해킹 사고가 났을 때 금융회사가 포괄적으로 입증 책임을 지도록 보안 책임을 강화하면 해커의 공격에 방비를 제대로 한 핀테크 업체만 시장에 진입하는 '정수기 효과'를 낼 수 있다는 주장이다.

김용진 서강대학교 교수는 "보안이 없는 핀테크는 사상누각이다. 금융회사가 보안에 대한 투자를 대폭 늘리는 게 글로벌 트렌드"라고 말했다. KB경영연구소 연구에 따르면 2014년 한국 보안 시장은 6조 원 규모로 전 세계(209조 원)의 2.9%에 불과했다. 한국 IT 시장(391조 원)이 세계 시장(4,552조 원)에서 차지하는 비중(8.6%)을 크게 밑돌았다. 그만큼 보안에 대한 인식 수준이 떨어진다는 얘기다.

'무늬만 핀테크' 사기가 판친다

핀테크 기술을 전면에 내건 A회사는 2015년 여름 시내 모처에서 사업설명회를 열었다. 핀테크 기술로 가상화폐를 개발해 다수의 가맹점을 확보했다고 발표하며 '기회를 선점해야 큰돈을 벌 수 있다'고 홍보전을 펼쳤다. 하지만 이 업체는 핀테크와는 거리가 먼 다단계 사기 업체였다. 소액의 돈을 받고 가입자를 확보한 뒤 피라미드식으로 지인을 끌어들이면 가만히 앉아서도 돈을 벌 수 있다고 감언이설을 늘어놓았다. 핀테크가 주목을 끌자 이에 편승해 '무늬만 핀테크'로 소비자를 현혹하는 것이다.

핀테크 시장에 '다단계 사기 주의보'가 떴다. 핀테크 산업이 채 꽃을 피우기도 전에 다단계 사기 업체의 먹잇감으로 전락하는 것이다. 핀테크 산업이 소비자의 신뢰를 잃어 조기에 공멸하기 전에 '옥석 가리기'에 나서야 한다는 지적이 나온다.

'100만 원을 내고 가맹점을 세우면 돈을 1억 원으로 불려주겠다. 기발한 핀테크 기술을 가진 우리 회사에 빨리 투자해야 돈을 벌 수 있다' 등이 이들 업체의 주요 홍보 문구다.

가상화폐를 개발했다고 주장하면서 여러 가맹점에서 현금처럼 쓸 수 있다고 광고하는 업체도 우후죽순 고개를 들고 있다. 비트코인을 축으로 가상화폐에 대한 관심이 커지는 것에 착안한 행보다. 자체 발행한 가상화폐로 언제든지 물건을 살 수 있다고 속인 뒤 현금을 가상화폐로 바꿔 투자하라고 권유하는 식이다. 이런 식으로 현금을 확보한 뒤 '윗돌 빼서 아랫돌 괴는' 식의 '폰지 사기'로 비화할 공산이 크다는 지적이 나온다.

아직까지는 초기 단계로 피해 규모를 정확히 파악할 수 없지만 사태가 장기화하면 피해 사례가 속출할 수 있다는 것이 시장에서 우려하는 부분이다. 황승익 한국NFC 대표는 "소액의 가입비를 내고 모바일로 광고를 보면 수당을 돌려주겠다고 홍보하는 업체도 있다. 지인을 내 밑으로 끌어들이면 받을 수 있는 돈이 늘어난다고 설명하는 업체도 있는데 전형적인 피라미드 사기 수법으로 보인다"고 말했다.

지사 설립 명목으로 돈을 내라고 유도하면서 '원금 보장' 혜택을 전면에 내건 업체도 있다. 수백만 원을 내고 가맹점 계약을 따면 돈을 잃을 염려 없이 수억 원의 수익을 낼 수 있다는 것이다. 투자를 권유하면서 원금을 보장하는 것은 현행법상 불법이지만 별다른 제재를 받지 않고 버젓이 광고까지 하는 업체도 있다.

"특허권을 받은 핀테크 사업이 있다"며 실체가 모호한 신기술을 내세워 투자자를 유치하는 업체도 나온다. 사업설명회를 열고 "향후 기업 가치가 엄청나게 커질 잠재력이 있으니 지금 투자하면 돈을 불릴 수 있다"

는 식의 홍보전을 펼치는 것이다.

유사 핀테크 업체가 난립하자 업계는 큰 혼란에 빠졌다. 업계에서는 사기 행각이 사회문제로 비화하면 핀테크 산업 자체가 신뢰를 크게 잃을 수 있다고 우려했다. 김태봉 KTB솔루션 대표는 "다단계 사기 피해가 일파만파로 번지면 선량한 핀테크 업체까지 도매금으로 사기 업체로 낙인 찍힐 수 있다"고 우려의 목소리를 전했다.

페이팔 최고보안책임자 출신
마이클 버렛 인터뷰

2015년 4월 미국 실리콘밸리에서 만난 마이클 버렛은 페이팔의 최고보안책임자를 지낸 보안 전문가다. 최근에는 보안 전문 스타트업을 창업했다. 아직까지는 구체화된 사업 모델을 외부에 알리지 않는 '스텔스 모드(Stealth mode)'다. 그는 핀테크 생태계가 꽃을 피우려면 최우선적으로 보안이 중요시되어야 한다고 강조했다. 그가 강조하는 보안 시스템은 '강하지만 숨어 있는 보안'이다.

미국 실리콘밸리에서 만난 마이클 버렛. 페이팔 보안 담당자 출신인 버렛 씨는 은행과 협업하는 것을 목적으로 보안 전문 기업을 창업했다.

버렛 대표는 "아무리 보안 시스템을 잘 설계해도 쓰기에 불편하다면 그것은 아무런 의미가 없다. 최소한의 단계로도 최강의 보안 시스템을 구축해야 시장에서 먹힐 수 있다"고 강조했다. 철저하게 보안 시스템을 고객 관점에서 설계해야 한다는 것이다.

그는 핀테크 시대를 맞아 보안 산업이 역대 가장 주목받을 것이라고 예측했다. "보안 업계에 오랫동안 있었지만 지금이 제일 핫한 시기인 것 같아요. 비트코인도 나오고, P2P 대출도 활발하고요. 애플페이나 삼성페이를 비롯한 결제 분야도 무섭게 성장하고 있지요. 이런 시기에 남보다 한 발짝 앞서가는 보안 전문 기술로 회사를 만들면 성공할 것이라고 생각했습니다."

버렛 대표가 페이팔에 합류한 것은 2006년으로 거슬러 올라간다. "당시만 해도 페이팔이 이렇게까지 성공하지는 않았을 때인데, 보안 담당자를 구한다며 저에게 연락이 와서 합류하게 됐지요."

페이팔에서 7년을 보낸 버렛 대표는 "페이팔에서 내가 하고 싶은 것은 전부 해봤다"며 2013년 페이팔을 떠났다. "금융 보안은 참 재미있는 동네예요. 매우 많은 부분과 맞닿아 있죠. 돈이 흘러가는 산업인 만큼 보안이 극도로 중요하고 또 규제도 강한 편이에요. 이런 제약을 뚫고 편리한 보안 체계를 만드는 것은 쉽지 않은 일이죠."

그는 향후 핀테크 분야에서 몇 차례 보안 위기가 닥칠 것으로 예상했다. "핀테크 산업에서 아직 보안 이슈가 대대적인 화제가 된 적은 없었어요. 하지만 해커가 공격할 여지가 워낙 많아서 언제 무슨 문제가 터질지는 아무도 모릅니다. 범죄를 미리 예방하기 위해서는 철저히 대비해야 해요. 핀테크 보안에 기여할 수 있는 회사를 만들어 매각하는 것이 목표입니다."

맺으면서

'악마는 디테일에 있다(The devil is in the details)'는 말이 있습니다. 문제는 큰 것이 아니라 작은 것을 놓치는 것에서 생긴다는 뜻이지요. 요즘 한국 핀테크 시장을 보면 이 말이 절로 떠오릅니다.

취재 중에 "폐쇄적인 한국의 금융 문화가 핀테크 산업 태동을 가로막는다"는 말을 정말 많이 들었습니다. 카카오를 이끌었던 이석우 전 대표가 공개석상에서 "울고 싶은 심정이다"고 할 정도니 오죽했겠습니까.

1년 새 상황이 많이 달라지기는 했습니다. 임종룡 금융위원장을 비롯한 금융 당국이 일제히 나서 규제 풀기에 나선 것입니다. 그 덕에 규정도 많이 바뀌었고, 사업하기 편해진 것도 사실입니다. 하지만 지금도 핀테크 기업 CEO들은 곳곳에 숨은 규제 때문에 좌불안석입니다. 물론 금융 당국에 모든 책임을 돌릴 수는 없겠지만, 결론만 놓고 얘기하면 아직 곳곳에 악마가 숨어있다 하겠습니다.

정부가 핀테크 산업 활성화를 위해 법을 개정하거나 규정을 바꾸면 이는 언론에 대서특필됩니다. 마치 당장에라도 해묵은 규제가 모두 풀려 곧바로 사업화에 나설 수 있을 것처럼 소개되기도 합니다. 하지만 사실은 사뭇 다릅니다. 규제 하나가 풀렸다 해도 다른 규제가 덧입혀 있는 경우가 많아서 또 좌절하게 되는 것입니다. 장밋빛 소식에 흥분했던 핀테크 기업들의 환호는 이내 더 큰 좌절감으로 바뀝니다. 이런 일이 반복되면서 정부에 대한 불신에 빠지고, 심지어 한국을 벗어나 사업을 하겠다는 결심을 하게 되는 것입니다.

결국, 문제를 해결하기 위해서는 공급자 마인드에서 벗어나 세부 사항까지 굽어볼 수 있는 수요자 마인드로 대변신해야 합니다. 아이디어를 사업화할 때 특정 이슈가 불거져 문제가 된다면 이에 해당하는 모든 규제를 살펴 무엇을 바꿔야 하는지 세밀하게 살피는 행정이 필요합니다. 부처 간에 이견이 있을 수도 있고, 업체마다 서로 주장이 다를 수도 있으니 이 역시 쉬운 일은 아닙니다. 하지만 디테일에 숨은 악마를 찾아내 없애는 것을 목표로 한다면 한국 핀테크 산업은 훨씬 진보할 것이 분명합니다. '메이드 인 코리아' 핀테크가 세계를 호령할 그 날을 기대해 봅니다.

금융대혁명의 시대, 어떻게 살아남을 것인가?

내일의 핀테크

초판 1쇄 2016년 2월 22일

지은이 홍장원
펴낸이 전호림 **제2편집장** 권병규 **담당PD** 이승민 **펴낸곳** 매경출판㈜
등 록 2003년 4월 24일(No. 2 - 3759)
주 소 우)04627 서울특별시 중구 퇴계로 190 (필동 1가) 매경미디어센터 9층
홈페이지 www.mkbook.co.kr
전 화 02)2000 - 2610(기획편집) 02)2000 - 2636(마케팅) 02)2000 - 2606(구입 문의)
팩 스 02)2000 - 2609 **이메일** publish@mk.co.kr
인쇄 · 제본 ㈜M - print 031)8071 - 0961

ISBN 979-11-5542-407-0(03320)
값 13,000원